Lesehefte für den Literaturunterricht

In neuer Folge herausgegeben von
Rainer Siegle und Jürgen Wolff

Wilhelm Scharrelmann
Piddl Hundertmark

Geschichte einer Kindheit

mit Materialien
zusammengestellt von
Juliane Eckhardt

Ernst Klett Schulbuchverlag
Stuttgart Düsseldorf Berlin Leipzig

Überschriften, die mit einem * gekennzeichnet sind, sind keine Originalüberschriften.

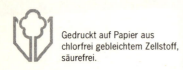

Gedruckt auf Papier aus chlorfrei gebleichtem Zellstoff, säurefrei.

1. Auflage   1 ⁶ ⁵ 4 3 2 | 1999 98 97 96 95

Alle Drucke dieser Auflage können im Unterricht nebeneinander benutzt werden, sie sind untereinander unverändert. Die letzte Zahl bezeichnet das Jahr dieses Druckes.
Der Textabdruck erfolgt mit freundlicher Genehmigung von Frau Anka Scharrelmann-Hüchting, Heerstedt.
© für die Materialien: Ernst Klett Schulbuchverlag GmbH, Stuttgart 1992.
Alle Rechte vorbehalten.
Umschlag: Manfred Muraro, Stuttgart.
Gesamtherstellung: Wilhelm Röck, Weinsberg.
ISBN 3-12-261920-2

Inhalt

Wilhelm Scharrelmann: Piddl Hundertmark .. 5

Materialien 143

Bilddokumente zu „Piddl Hundertmark" 143

Piddl Hundertmarks Wohngegend in Bremen 143
Bremer Freimarkt auf dem Marktplatz 144
Der stadtbremische Hafen im Bau 145

Der Autor Wilhelm Scharrelmann 146

**Wie war das damals? Kinder und Jugendliche
im Kaiserreich** 148

Erich Kästner: Als ich ein kleiner Junge war 148
Carl Zuckmayer: „... ich beneidete sie ein
bißchen"* 152
Kindermode in Bürgerkreisen –
Arbeiterkinder im Sonntagsstaat (Fotos) 154
‚Schöner Wohnen' im Bürgerhaus –
Wohnküche in der Mietskaserne (Fotos) 156
Eine Weihnachtsbescherung für reiche Kinder
(Foto) 157

Kinderarbeit – auch für Mädchen 158

Adelheid Popp: Über den Kinderalltag eines
Arbeitermädchens* 158
Spielzeugverkäuferin – Blumenmädchen (Fotos) .. 162
Ellen Key: „... das Kind bietet ja wohlfeilere
Transportkosten als der Esel!"* 163

Während der Schulzeit ‚geblitzt': Arbeitendes Kind
auf Wochenmarkt (Foto) 164
400000 Kinder arbeiten regelmäßig für Geld
(Agenturmeldung) 165

Wovon Kinder des Kaiserreichs träumen sollten .. 166

Reinhold Fuchs: Deutsches Flottenlied –
Gedicht aus einem Schullesebuch 166
Postkarte um 1914 168
Gustav Frenssen: Peter Moors Fahrt nach Südwest –
Ein vielgelesenes Kinderbuch 168

**Übertragung der schwierigen niederdeutschen
Textstellen** 171

Text- und Bildquellenverzeichnis 174

1

Piddl Hundertmark hieß er. Gewiß, sein Vorname paßte genau, aber die hundert Mark in seinem Namen waren der reinste Hohn. Es wäre ihm nicht ein roter Heller aus den Taschen gefallen, wenn man ihn auf den Kopf gestellt und ausgeschüttelt hätte wie ein leeres Portemonnaie. Dabei sah er aus, als wenn ihn der liebe Herrgott in einer langweiligen Stunde aus einem alten Stück Holz geschnitzt hätte, um auch einmal ein Vergnügen und etwas zum Lachen zu haben. Der dicke Kopf mit den kleinen Augen und den großen Ohren, den borstigen Haaren und abgezehrten Wangen war das Auffälligste an ihm. Die kleinen Beine steckten in ganz unmöglichen Hosen. Man wußte nie, was man mehr anstaunen sollte, Piddl oder seine Hosen. Sie waren tütenförmig und oben von einer so unnatürlichen Weite, daß man fürchten mußte, der kleine Knirps werde rettungslos in dem gewaltigen Hosenboden versinken. Seine Mutter hatte sie abends nach der Arbeit beim Schein der trüben, kleinen Petroleumlampe zusammengenäht, und es war mehr guter Wille als Geschicklichkeit an ihnen zu erkennen. Aber Piddl war stolz auf sie, und er tat nichts lieber, als die Hände in die Taschen zu vergraben und mit unbewegter Gelassenheit den Spielen der Kinder auf der Straße zuzusehen. Kein Spottwort rührte ihn so leicht, und nur, wenn es gar zu arg wurde, drehte er sich um und ging ohne ein Wort, mit langsamen, abgemessenen Schritten ins Haus. Und wenn er dann wohl auch heimlich die Zähne zusammenbiß und sich die kleinen Augen mit Tränen füllten, so sah ihn doch niemand jemals weinen, sooft ihn auch die Kameraden an den Haaren zupften oder mit dem Ellbogen in die Seite stießen. Er ging dann in den dunklen, kahlen Kellerflur, der öde und schmutzig war und an dem das Zimmer seiner Mutter lag. An solchen Tagen kam er meistens erst des Abends wieder zum Vorschein, wenn die

Gasse still geworden war. Dann schlich er an den Häusern entlang bis zur nächsten Straßenecke und stand unbeweglich unter der Gaslaterne, die dort brannte, und wartete auf seine Mutter, die tagsüber bei feinen Leuten die Wä-
5 sche besorgte und zuweilen erst spät des Abends heimkehrte. Er stand dann da, unbeweglich wie ein kleiner Gnom, der sich in die Stadt verirrt hat und nun mit großen, verwunderten Augen die Häuser und die Vorübergehenden mustert.
10 Ich erzähle von Piddl, als er neun Jahre war.

Damals wurde er Auslaufjunge für eine Bäckerei. Des Morgens, in aller Herrgottsfrühe, wenn die Gassen noch nicht daran dachten, wieder aufzuwachen aus ihrem nebligen Schlafe, lief er schon mit seinem Brotkorb unter den
15 Laternen hin und hängte den Kunden die Brotbeutel vor die Tür. Da hieß es sich sputen und hurtig bei der Hand sein, denn die Schule begann auf den Glockenschlag, und Piddl mußte vorher sein Brot besorgt haben, da half alles nichts. Ob Schnee lag oder die Brötchen einige Minuten
20 später fertig geworden waren, danach fragte man nicht. Nur danach fragte man, ob alles richtig besorgt sei.

Er verdiente dabei jede Woche eine Mark und bekam jeden Abend (nach der Schulzeit wurde noch einmal Brot ausgetragen) einen Beutel mit altem, in der Form mißrate-
25 nen Weißbrot mit nach Hause, Brötchen mit einer aufgeblasenen Backe, schief gewordene und wunderliche Dinger, über die man lachen mußte, wenn man sie betrachtete. Aber Piddl war nie stolzer als an dem Sonnabend, an dem er die erste selbstverdiente Mark seiner Mutter heimbrach-
30 te. Es war ein funkelnagelneues Stück.

Bis in den Traum hinein verfolgte es ihn. Es wuchs in seiner Hand, wie er so stand und es betrachtete, und wurde zuletzt so groß wie ein Suppenteller aus blankem Silber. Er saß ganz entzückt davor und starrte in den blendenden
35 Schein, der davon ausging.

Nie in seinem Leben hätte er gedacht, daß ein Geldstück so funkeln könne. Es war wie der Glanz der Sonne. Man mußte sich beinahe die Augen zuhalten, wenn man es ansah.

Er saß davor und starrte es an und wagte sich kaum zu rühren.

Dann nahm er es und wollte es in die Tasche schieben und die Hand darauf halten, damit er es nicht verlor. Aber es ging schier in die Tasche nicht hinein, und er mußte es unter den Arm nehmen. Damit aber nicht alle Leute es sahen und gar Nachbars Konrad kam und ihm in den Nacken schlug, daß ihm die Funken aus den Augen flogen wie vorgestern abend, als er müde nach Hause gekommen war, wickelte er es in sein Taschentuch. So konnte niemand sehen, welchen Schatz er bei sich trug.

Und dann überlegte er, was er alles dafür kaufen könne: ein Paar Stiefel für seine Mutter, die die Sohlen schon seit Wochen ganz abgetreten hatte und beinahe auf den Strümpfen lief, und eine Abendhaube, und ein großes Umschlagetuch, und ein paar neue Tassen mit goldenem Rand, und eine neue Schiefertafel für sich, weil die alte zerbrochen war ... Nein, was für Herrlichkeiten man für ein solches Geldstück haben konnte!

Er lief durch die hellerleuchteten Straßen, um schnell nach Haus zu kommen, und fühlte, wie alle ihn ansahen und respektvoll auf die Seite traten und ihm nachschauten, wenn er vorüber war, und ein paarmal hörte er die Vorübergehenden ganz deutlich flüstern: ‚Das ist der Piddl aus der Winkelgasse, er hat eine Mark verdient!' Und dann blieben auch die beiden kleinen Mädchen stehen, die eben ins Schaufenster geguckt hatten, und sahen auf das rote Tuch, das er um seinen Schatz geschlungen hatte. Und er ging schneller und schneller, um nach Haus zu kommen und seinen Schatz abzuliefern. Erst sollte seine Mutter sich dran freuen, ehe er etwas davon ausgab.

Und dann bog er in die Winkelgasse ein. Richtig, da stand der Konrad wieder an der Haustür und trat ihm in den Weg.

‚Wo hast du das Geld gestohlen?' fragte er mit einem bösen Blick und hielt ihn an der Kehle fest.

‚Ich hab' es nicht gestohlen, Konrad, gewiß nicht', stammelte er, ‚ich hab' es beim Bäcker verdient, wo ich das Brot austrage.'

‚Verdient willst du es haben?' rief Konrad und packte ihn noch fester, ‚gestohlen hast du's, du Lump!' Und damit schlug er ihm an die Backe, daß sie wie Feuer brannte und ihm das blanke Geldstück aus dem Tuch und unter dem Arme wegglitt und über die Straße rollte. Er riß sich los und lief hinterdrein, und es rollte vor ihm her und wurde kleiner und immer kleiner und rollte und rollte, als wenn es Flügel hätte, als wenn der Wind dahinter wäre, wie hinter seiner Mütze, damals als der Sturm war, und endlich war es so klein geworden wie eine gewöhnliche Mark. Aber es rollte immer weiter, und er keuchte hinterdrein, und hinter sich hörte er Konrad lachen und rufen: ‚Gestohlen, du Lump! Gestohlen!'

Da! Plumps! war es durch einen Rost in den Straßenkanal gefallen. Ein eisiger Schreck fuhr durch seine Glieder – und er erwachte.

Er konnte sich gar nicht besinnen, wo er war.

Aber richtig, da lag er ja noch im Bett, und die Mutter war schon aufgestanden und hatte schon die Petroleumlampe angezündet, weil es ja noch früh und finster war ... Und die Mark lag noch an derselben Stelle auf der Fensterbank.

Am Nachmittag wurde er dann mit seiner Mark zum Krämer geschickt, und als er ein Pfund Margarine und eine Flasche Petroleum dafür erstanden hatte, bekam er ganze acht Pfennige wieder heraus. Vier schmutzige Zweipfennigstücke ...

Und wie er dann so stand und sie in der Hand hielt, draußen vor der Ladentür, fiel ihm sein Traum aus der vorigen Nacht wieder ein, und er schluckte und schluckte, um die Tränen wegzubringen, die ihm langsam und brennend in die Augen zu steigen begannen. Als er aber wieder die Stube seiner Mutter betrat, konnte man ihm wirklich nicht ansehen, daß er geweint hatte.

—— 2 ——

Ebenso schnurrig wie seine Hosen waren seine Schuhe. Sie waren beinahe doppelt so groß wie seine Füße und dabei völlig durchlöchert, Gott mochte wissen, wem die Schuhe in ihren besseren Tagen einmal gedient hatten. Die Absätze waren fast ganz darunter verschwunden, und vorn schauten die Zehen hindurch. Um den Schaden zu verdecken, hatte die Mutter ein Paar ausgediente Gummischuhe darübergezogen, die die gesprungenen Nähte der Stiefel doch in etwa zusammenhielten.

Trotzdem schämte er sich, mit diesen Schuhen über die Straße zu gehen. Daß die Hose zu breit und zu kurz war, ließ sich am Ende ertragen. Aber die Schuhe, in denen die Füße hin und her rutschten, als seien sie hineingesteckt,
5 um das alte Leder der Stiefel von innen zu polieren, waren schlimmer. Viel lieber wäre er barfuß gelaufen. Aber mit bloßen Füßen durfte man in der Schule nicht erscheinen. Zuweilen mußte er mit gekrümmten Zehen darin gehen, um sie nicht von den Füßen zu verlieren. Denn die Gummi-
10 züge daran waren längst schlaff geworden, und zudem waren die Beine viel zu dünn, als daß die alten Stiefel daran hätten einen Halt finden können.

Er wagte kaum aufzublicken, als er auf dem Schulweg war, und schlich sich durch menschenleere Gassen, um
15 nicht mit seinen Klassenkameraden zusammenzutreffen.

Als er aber dann auf dem langen Korridor des Schulgebäudes mit weichen Schritten entlangging, folgten ihm die Augen aller Kinder. Es nützte ihm nichts, daß er schnell an seinen Platz eilte und die Füße unter der Bank versteckte.
20 „Piddl hat Gummischuhe an!" ging es wie ein Lauffeuer durch die Klasse.

Das war etwas Unerhörtes. Es war noch niemals vorgekommen, daß ein Kind mit Gummischuhen in die Armenschule gekommen war. Gummischuhe waren ein unerhör-
25 ter Luxus. Vor ihm und hinter ihm bückten sich die Kinder und staunten die Schuhe unter der Bank an. Sogar der Klassenälteste kam, um sie eingehend zu besichtigen. Das war eine seltene Ehre. Dem imponierte so leicht nichts. Er war der größte von allen Jungen, und was er sagte, galt bei
30 den anderen. Ihm gehorchten alle ohne Widerrede – hatte er doch ein paar Fäuste, die ihm stets unbedingten Gehorsam erzwungen hätten. Granewitter hieß er, und seitdem er einmal einen Jungen, der einige Jahre älter und einen Kopf größer war als er, erbärmlich verhauen hatte, genoß
35 er unbedingten Respekt in der Klasse.

„Zieh mal die Gummischuhe aus!" befahl er, und als Piddl zögerte, wiederholte er mit ruhiger Stimme: „Zieh die Gummischuhe aus, ich will sie besehen!"

War das nicht unmöglich? Was würden die anderen zu den entsetzlichen Schuhen sagen, die zum Vorschein kommen mußten, wenn die Gummihülsen abgestreift wurden!

Piddl wurde glutrot bei diesem Gedanken und zog die Füße, so weit es ging, unter die Bank zurück.

„Ich kriege sie nachher nur schwer wieder an!" stammelte er und wagte kaum aufzublicken.

„Ach was!" entschied Granewitter. „Du wirst doch die Schuhe an- und ausziehen können? Woher hast du sie?"

„Von meiner Mutter! Sie hat sie von den Leuten gekriegt, bei denen sie reinemachen geht", antwortete er leise.

„Aber warum ziehst du sie denn heute an?" fragte Granewitter weiter. „Es regnet ja gar nicht! Die Sonne scheint ja! Es zieht doch kein Mensch Gummischuhe an, wenn kein Regenwetter ist. Du spielst dich ja nur auf! Du bist ein Naseweis mit deinen Gummischuhen, du!"

Piddl ließ die Strafrede über sich ergehen und wagte kaum aufzublicken.

„Ausgezogen, vorwärts!" wiederholte Granewitter in seinem strengsten Ton, und rot vor Scham streifte Piddl einen der Schuhe von den Füßen, nahm ihn vom Fußboden auf und überreichte ihn Granewitter.

Dieser betrachtete ihn prüfend von allen Seiten, zerrte und riß daran, beroch ihn, schnitt sich dann mit seinem Taschenmesser, ohne Widerrede zu erfahren, schweigsam ein Stück von der Hacke ab, um es als Radiergummi zu versuchen, und reichte ihn dann zur Besichtigung den übrigen.

Langsam wanderte der Schuh von einer Hand in die andere.

„Du", fuhr Granewitter fort, „der Schuh ist ja viel zu groß für dich! Das sind ja Galoschen, die du da angezogen hast, Frachtkähne sind es. Passen dir die denn? Zeig mal deine Stiefel her!"

Piddl begann zu zittern. Er schüttelte nur stumm den Kopf und machte keine Miene, zu gehorchen. War er vorhin rot geworden, so wurde er jetzt mit einem Male leichenblaß. Er biß die Zähne zusammen und sah Granewitter mit einem Blick an, der eine wilde Entschlossenheit verriet.

„Ich bin doch dein Narr nicht!" stieß er heraus und preßte die Lippen zusammen und sah mit zusammengezogenen Brauen seinen Peiniger an.

Granewitter holte, ohne eine Antwort zu geben, langsam mit seinem Arm aus und gab Piddl eine Ohrfeige, daß dieser in den Gang zwischen den Bänken niederstürzte.

„Esel!" sagte er dabei und wollte sich gerade umwenden und davongehen, als der Kleine, rasend vor Wut, mit einem Satz vom Boden aufsprang, auf Granewitter zustürzte und seine Finger in das Gesicht seines Gegners grub, der über den unerwarteten Angriff zuerst so verblüfft war, daß er kaum daran dachte, sich zu verteidigen.

Aber im nächsten Augenblick packte Granewitter den Angreifer, riß einem der Knaben den Gummischuh aus den Händen und begann unter dem brüllenden Gelächter der übrigen, dem Kleinen damit seine Lektion zu erteilen.

Als er ihn endlich wieder losließ, stand Piddl da mit zerzaustem Haar und zerrissener Hose, keuchend und mit geschlossenen Augen und Schaum vor dem Mund. Einen der Stiefel hatte er bei der Rauferei verloren, und die Jungen hatten ihn aufgerissen und ließen ihn nun unter lautem Gelächter von Hand zu Hand gehen.

Unter diesem Gelächter stürzte Piddl hinaus. Über den Korridor lief er, die Treppen jagte er hinunter wie ein gehetzter Hund und rannte dann die Straße hinab, fort, fort, nur fort! Die Leute auf der Straße blieben stehen und sahen ihm nach – er merkte es nicht. Die Schulglocke hinter ihm – hörte er nicht. Mit dem bloßen Fuß trat er in die Scherben einer zerbrochenen Flasche, die auf der Straße lag – er fühlte es nicht.

Am folgenden Tage wurde der Schulvogt nach ihm geschickt. Der brachte ihn dann wieder.

Ob er nicht wisse, daß es verboten sei, die Schule ohne Erlaubnis zu verlassen, fragte ihn der Lehrer.

Ja, das wisse er wohl.

Warum er denn fortgelaufen sei?

Keine Antwort.

Ob er trotzen wolle?

Nein, gewiß nicht.

Ob er nicht sagen könne, warum er fortgelaufen sei?

Er könne es wohl, aber er wolle es nicht.

Ob es jemand in der Klasse wisse.

In der Klasse wußte es niemand. Alle Jungen schüttelten die Köpfe, stießen sich an und machten unschuldige Gesichter.

Er sei ein ganz sonderbarer Junge. Ein Ausreißer. Ein Vagabund!

Stumm ließ Piddl die Scheltworte über sich ergehen. Auch die Tracht Prügel, die darauf folgte, nahm er ohne zu mucksen hin. –

Aber von dem Tage an hatte er Ruhe in der Klasse. Seine Standhaftigkeit hatte ihm Achtung verschafft.

„Das war nett von dir, daß du nichts geplifft hast!" sagte Granewitter in der Pause zu ihm. „Wir wollen uns vertragen, nicht wahr?"

Von dem Tage an hätte Granewitter jeden verhauen, der Piddl zu nahe getreten wäre.

3

In dem Hof hinter Piddls Hause wuchs eine Sonnenblume. Kein Mensch wußte, wie der Same dorthin gekommen war, denn der Hof war dunkel und eng. Düster starrten die hohen, vom Rauch geschwärzten Mauern der Häuser in die finsteren Höfe hinab, die hinter den Häusern in der Winkelgasse lagen. Ob ein Kind das Samenkorn beim Spielen verloren oder der Wind es über die Dächer hinweggetragen hatte? Plötzlich, wie ein lebendiges Wunder, stand die junge Pflanze da und reckte die Blätter hungrig dem Lichte entgegen. Sie wuchs mit jedem Tage. Man konnte sie beinahe wachsen sehen. Sie hatte wohl solche Sehnsucht nach der Sonne, deren Strahlen niemals in den engen Hof hinabstiegen, in dem sie stand und wuchs und wartete. Hoch oben, an den Gesimsen der Häuser, wanderten die Strahlen vorbei, als scheuten sie sich, in die finstere Schattenwelt der dunklen Höfe hinabzusteigen, wo hier und dort schmutzige weiße Wäsche regungslos an rostigen Drähten trocknete, alte Kehrichthaufen von zerbrochenen Scherben und allerhand Gerümpel lagen und düstere Kellerfenster auf die Höfe hinausschauten.

Als Piddl die Sonnenblume zum ersten Male sah, war er starr vor Erstaunen. Er wußte nicht, was er sagen sollte. Eine richtige, lebendige Pflanze auf seinem Hofe? Wie schlank die Blume war, wie eine Prinzessin. Und wie schnell sie wuchs!

Täglich ging er hinaus in den Hof, um sie zu betrachten. Nach einigen Wochen war sie schon so groß, daß sie über die Holzplanke in den Hof des Nachbarn gucken konnte – aber sie hörte nicht auf zu wachsen. Es war, als wenn ihren Wurzeln aus dem feuchten Grunde des Hofes immer neue Triebkräfte zuströmten. Aber die Sonne hatte sie immer noch nicht erreicht. Nicht einmal der Wind spielte mit ihr in der modrig-dumpfen Luft der Höfe. Regungslos stand sie da, und endlich, als an einem Gewittertage die stickige Schwüle der Gassen auch in die Höfe hinabsank, meinte die Pflanze, die Sonne berühre sie mit ihren warmen Strahlen, und schlug ihr Auge auf, ein großes, goldiges Sonnenblumenauge, das voll Verlangen zu dem blauen Sommerhimmel hinaufsah.

„Sie blüht! Sie blüht!" schrie Piddl und tanzte vor Freude um die Blume herum, seine Blume, die er so lange behütet und bewacht hatte und die nun stolz und aufgerichtet ihre erste Blüte dem Licht entgegenhielt.

„Klara!" rief er über die Holzplanke in den Nachbarhof hinein. „Klara, meine Sonnenblume blüht!"

Klara war die Tochter des Flickschusters Dinghammer, der in der benachbarten Kellerwohnung hauste. Mit ihr spielte Piddl am liebsten. Sie war ein Mädchen von zehn Jahren, mit einer Fülle schwarzbraunen Haares, das ihr ungeflochten über die eckigen Kinderschultern fiel. Sie besuchte dieselbe Schule wie Piddl, und sie gingen meistens den Schulweg zusammen.

„Sieh nur mal hin, da oben sitzt die Blüte!"

„Ja", rief Klara erstaunt, „sie blüht!"

„Komm einmal 'rüber in unsern Garten", rief Piddl. Er

nannte den Hofplatz heute einen Garten. Es stand ja eine Blume darin, eine richtige lebende Blume!

Klara kam.

Noch einmal wurde die Sonnenblume bestaunt.

„Wie groß sie geworden ist!" sagte Klara.

„Und wie stark!" beteuerte Piddl, indem er den Stengel vorsichtig hin und her bog. „Ich glaube, es kann ruhig ein Sturm kommen, sie knickt nicht."

Auch Klara bog ihn vorsichtig ein wenig zur Seite. Leise schaukelte die Blume oben in der stillen Luft.

„Ein Sturm? Das glaub' nur nicht!" sagte sie wichtig, mit gerunzelter Stirn. „Stürme können Mastbäume brechen und Häuser abdecken."

„Vielleicht kommt ein Vogel und baut sein Nest da oben unter der Blüte", flüsterte Piddl. „'n Märchenvogel müßte es sein, weißt du, so'n Paradiesvogel mit langen, goldigen Federn in den Flügeln und einer kleinen Federkrone auf dem Kopf."

„Wollen wir spielen?" fragte Klara.

„Wir könnten König und Königin spielen", entgegnete Piddl, „der Garten ist unser Park, und das Schauer da ist unser Schloß."

Auf dem Hof stand ein alter hölzerner Kohlenschuppen, der die Residenz vorstellen sollte.

„Nein", sagte Klara, „ich weiß was Besseres. Ich hab' ein Märchen gelesen von der Prinzessin Konandir, die hat einen Pagen, und alles, was die Prinzessin sagt, das muß der Page tun."

„Und ich soll der Page sein?"

„Ja, und ich bin die Prinzessin Konandir. Du mußt mir meine Schleppe tragen!"

Mit spitzen, behutsamen Fingern faßt Piddl das Kleiderröckchen Klaras und schreitet gehorsam hinter ihr her.

„Nun mußt du mir auch fächeln. Es ist eine so schwüle Hitze hier im königlichen Garten."

„Womit soll ich dir fächeln?"

„Brich doch ein Blatt von der Sonnenblume ab. Das ist dann ein feiner Fächer."

„Eigentlich ist es schade!" meint Piddl und zögert.

„Aber der Page muß alles für die Prinzessin Konandir tun", beharrt Klara ungeduldig.

Piddl gehorcht. Er bricht eines der großen Blätter von der Blume und bewegt es gehorsam vor Klaras Gesicht auf und ab.

„Nun gehe ich in meine Gemächer!" fährt Klara befriedigt fort. „Es ist Abend. Ich leg mich in mein seidenes Bett, und du mußt vor meiner Tür schlafen und wachen."

Sie geht mit zierlichen, trippelnden Schritten zum Kohlenschauer und läßt Piddl vor der Türe stehen, der sich davor niederhockt.

Nach einer Minute erscheint Klara von neuem.

„Du mußt mich fragen, ob ich auch königlich geruht habe", flüstert sie Piddl zu.

„Hast du auch königlich geruht, Prinzessin?"

Klara nickt voll herablassender Gnade.

„Was für ein herrlicher Morgen es ist. Wir wollen einen Spaziergang durch meines Vaters Garten machen."

Feierlich machen sie einen Rundgang durch den dunklen Hof. Piddl trägt gehorsam Klaras Schleppe.

„Nun pflück mir Blumen, Page."

Gehorsam bückt sich Piddl und pflückt in den dunklen Ecken des Hofes Rosen, gelbe, weiße, rote Rosen, einen vollen, herrlichen Strauß.

„Ah!" sagt Klara, „danke!" und nimmt den eingebildeten Strauß aus Piddls Hand. „Aber die schönste hast du vergessen!" setzt sie hinzu und blickt nach der Sonnenblume hinauf.

Piddl erschrickt. Das kann doch ihr Ernst nicht sein.

„Die Sonnenblume meinst du?" kommt es stockend aus seinem Mund.

„Ja, die!" erklärt Klara.

Piddl schüttelt den Kopf. „Laß sie doch blühen", sagt er.

„Der Page muß alles für die Prinzessin tun", entgegnet Klara. „Hörst du, alles!"

Piddl schweigt.

„Ich kann ja auch gar nicht daran!" erklärt er kleinlaut.

„Grade drum!" fährt Klara eifrig fort. „Im Märchen, das ich gelesen habe – du kannst das Buch einmal kriegen, es gehört Heinz Meiners –, da muß der Page eine Rose pflücken, die hoch oben an der Burgmauer blüht! Und unten ist der Abgrund! – Ich glaube, wenn du aufs Schauer kletterst, geht es." Piddl rührt sich nicht.

„Weißt du", fährt Klara fort, „dafür hat der Page dann auch einen Kuß bekommen, und die Prinzessin hat ‚Geliebter' zu ihm gesagt, und sie ist seine Braut geworden. Erst hat es der König nicht haben wollen, aber als er gehört hat, daß der Page auch ein Königssohn gewesen ist, sind sie doch König und Königin geworden."

Piddl ist glühend rot geworden.

„Krieg' ich auch einen?" fragt er, mehr um überhaupt etwas zu sagen, als aus Verlangen.

„Erst mußt du doch die Blume pflücken", beharrt Klara.

„Dann sage ich ‚Geliebter' zu dir, und dann – ja!"

Sie bricht ab und sieht ihn aus ihren braunen Mädchenaugen an.

Es geht nicht anders, er muß die Blume pflücken, wenn er ein Page und seiner Prinzessin treu ergeben ist.

Gewandt wie eine Katze klettert er auf das morsche Bretterschauer, dessen Dach unter seinen Füßen verdächtig knistert und knackt und jeden Augenblick zu brechen droht.

„Jetzt bist du an der Burgmauer! Jetzt kommt der gefährliche Augenblick!" ruft Klara.

Piddl sagt kein Wort. Innerlich schwankt er noch. Die

schöne große Blüte! Wie sie leuchtet mit ihrem Kranz gelber Blumenblätter.

„Du bist wohl bange!" ruft Klara von unten herauf.

Da beugt er sich hinüber, um die Blume zu fassen.

„Der Abgrund ist unter dir!" ruft Klara, nun wieder ganz von ihrem Spiel erfüllt. „Da oben hängt die Blüte. Nur an dem schmalen Felsrand kannst du noch einen Halt finden."

Nun! Jetzt! Er hat sie gebrochen. Klara stößt einen Freudenschrei aus. Piddl ist, als hätte er ein Verbrechen begangen, nun er die große, tellerförmige Blüte in den Händen hält.

Kleinmütig und bedrückt klettert er vom Schauer wieder herunter.

„Nun bist du mein Geliebter", sagt Klara und nimmt die Blüte entgegen. „Geleite mich in meine Gemächer."

Mit Tritten, so zierlich, wie nur eine Prinzessin gehen kann, geht sie ihm voran in den Kohlenschauer.

„Du, es tut mir doch leid, daß wir die Blume abgebrochen haben", sagt er leise, als sie beide im Dunkeln stehen.

„Ach was", entgegnet Klara, „warum denn?"

„Nun hat die Blume kein Auge mehr", flüstert er bedrückt.

„Tu doch nicht so", sagt Klara, „wir haben doch so schön gespielt."

„Ja", sagt er, „schön war's wohl. Aber wie geht's nun im Märchen weiter?"

„Nun geb ich dir einen Kuß, und dann bin ich deine Braut."

„Aber", stottert er leise – „du mußt nachher auch noch meine Braut sein, wenn – wenn wir nicht mehr spielen!"

„Ja, ist gut", sagt sie.

„Weißt du", tuschelt er, „eigentlich mag ich dich auch am liebsten leiden, und es paßt gut, wenn du nun meine Braut bist."

„Du mußt es aber niemand sagen", flüstert sie.

„Du auch nicht."

„Nein."

„Auch Karl Langenberg nicht, und Heinz Meiners auch nicht."

„Nein, ja nicht."

Dann ist es einige Augenblicke ganz still.

„Nun muß ich auch den Kuß kriegen, wenn du meine Braut sein willst", fängt Piddl wieder an. „So ist das doch, wenn jemand eine Braut kriegt."

„Ja", bestätigt sie und gibt ihm einen.

„Na, dann wär' das abgemacht", sagt er und tritt wieder in den Hof hinaus.

„Ja", sagt sie und kommt auch mit gebücktem Kopf aus der niedrigen Tür des Kohlenschuppens wieder heraus.

Verlegen stehen sie noch einige Augenblicke da, und dann geht Klara nach Haus.

„Wiedersehen, Piddl!" sagt sie.

„Ja, Wiedersehen, Klara", antwortet er. –

Am anderen Tage ließ die Sonnenblume alle Blätter hängen. Schlaff und verwelkt hingen sie an dem hohen Stengel, der sich, halb umgesunken, schief an den Kohlenschauer lehnte.

Piddl hatte Tränen in den Augen, als er es sah.

‚Das ist meine Schuld', dachte er. ‚Ich hätte die Blüte nicht brechen dürfen.'

Am Abend erzählte er es Klara.

„Ach was", sagte die, als sie neugierig mit ihm auf den Hof trat, „siehst du denn nicht, daß eine Ratte da an der Wurzel ihr Loch gemacht hat?"

Piddl schüttelte den Kopf. „Wir hätten die Blüte nicht abbrechen dürfen", sagte er leise und scheu. „Sie hat die Sonne nicht mehr sehen können."

„Komm, laß uns lieber wieder auf die Straße gehen und spielen", sagte Klara, der es bei Piddls Worten ordentlich ein wenig unheimlich wurde, „hier ist es so düster und still."

Und dann lag der Hof wieder wie früher da. Drüben bei Riedemanns hing schmutzig-weiße Wäsche auf der Leine, und die rauchgeschwärzten Hauswände starrten wie sonst langweilig und öde in die Höfe hinab. Oben aus dem offenen Fenster einer Wohnung drang das Schreien eines Säuglings kläglich in die Stille hinaus, und leise begann von dem niedrigen Abendhimmel, der grau über den Dächern hing, ein feiner Regen herabzurieseln, der in perlenden Tropfen an den welken Blättern der Sonnenblume niederrann, die müde und welk an dem schwarzen Kohlenschauer lehnte.

—— 4 ——

„So!" sagte Piddl, „nun will ich dir noch die Beine anknoten – und dann kannst du strampeln!"

Er hatte den Hampelmann auf einem großen Ausschneidebogen für zwei Pfennige beim Buchbinder gekauft, auf Pappe geklebt, dann sauber mit der Schere ausgeschnitten und war nun dabei, die Beine an den Rumpf zu knoten. Dann fehlte nur noch die Strippe – und der Hampelmann war fertig.

Es war sonst niemand im Zimmer, in dem es unfreundlich und kahl genug aussah. Das Feuer in dem kleinen Kanonenofen war längst ausgebrannt, und an den niedrigen Fenstern begann bereits wieder der Frost seine Kunst zu zeigen. Wie aus feinem Silber getrieben, blinkten die Eisblumen an den Scheiben.

Piddl lag mit den Knien auf einem Stuhl, um sich besser über die Tischplatte beugen zu können, nun er vorsichtig die Bindfäden hinter den Gelenken des Hampelmanns verknotete.

Er hatte Eile; denn er wollte sein Werk heute abend noch auf der Straße zu Geld machen und seine Mutter damit überraschen, wenn sie vom Reinemachen nach Hause kam.

„So!" sagte er und atmete auf, als die Beine angeknotet waren, „nun muß ich dir noch eine Öse in den Kopf knoten, damit ich dich auch aufhängen kann!"

Vorsichtig stach er mit der Stopfnadel durch den Hut, den der Hampelmann trug, fädelte den Bindfaden ein und hängte den Hampelmann an einem Nagel an der Wand auf, um ihn zu probieren.

„Gut!" sagte Piddl und ließ die Strippe los. „Du strampelst wie der beste, den ich gemacht habe!"

An einer Straßenecke, wo der Schatten eines Hauses ihn etwas deckte, stellte Piddl sich auf. Dort gingen die meisten Passanten vorüber. Aber windig und zugig war es da. Schon nach wenigen Minuten war ihm die Hand, mit der er den Hampelmann hielt, blau gefroren, und er mußte ihn in die linke nehmen, um die andere in der Hosentasche ein wenig wieder zu erwärmen.

Es war nicht leicht, einen Hampelmann zu verkaufen, besonders nicht, da es noch weit bis Weihnachten war, und darum achtete niemand auf Piddl, der frierend von einem Fuß auf den anderen trat, um von Zeit zu Zeit auf einen Vorübergehenden zuzutreten und zu fragen: „'n Hampelmann gefällig?"

Er hatte immer denselben Erfolg. Es war schon viel, wenn ihm ein „Danke" zugerufen wurde. Die meisten ließen sich selbst dazu keine Zeit.

Eine Minute nach der anderen verrann, und langsam, langsam wurden aus den Minuten Viertelstunden und halbe Stunden, und plötzlich schlug es von dem Turm der nahen Nikolaikirche sieben.

Erst kamen vier dumpfe Schläge, und dann hallten die sieben Stundenschläge langsam und gewichtig hinterdrein.

Piddls beide Hände waren eiskalt. Ein prickelndes Frieren saß in den Fingern, das langsam die Arme hinaufkroch.

„Ein Hampelmann gefällig?" sagte er wieder und trat einen Schritt vor.

Der junge Mann blieb stehen, nahm den Hampelmann von Piddls Fingern und zog an der Strippe.

„Was kostet er?" fragte er.

„Zehn Pfennig", forderte Piddl.

Der junge Mann zog seine Börse. „Da!" sagte er und nahm den Hampelmann an sich.

Als Piddls Mutter heimkam, fröstelnd vor Kälte, und ihr Umschlagetuch von den Schultern nahm, überraschte sie Piddl mit dem blanken Groschen, den er für seinen Hampelmann erhalten hatte, und den er nun, mit einem Kranz aus Papierschnitzeln umgeben, auf dem Tisch vor dem Platz seiner Mutter hingelegt hatte.

„Nanu?" fragte sie, „woher hast du denn den Groschen?"

„Verdient!" antwortete er schlicht, sichtlich von Stolz erfüllt.

„Womit denn?"

„Ich habe mir für die zwei Pfennige, die du mir neulich geschenkt hast, 'nen Hampelmann beim Buchbinder gekauft, aufgeklebt, ausgeschnitten und auf der Straße verkauft."

„Das ist fein", sagte die Mutter, von seiner Freude gerührt.

„Was willst du denn mit dem Groschen anfangen?"

„Na", sagte Piddl, „das kannst du dir doch denken!"

„Verwahr' ihn nur, Piddl! Wenn der Jahrmarkt da ist –!"

„Hurra!" schrie Piddl wieder, „ein Freimarktgroschen!"

5

Weil Piddls Geburtstag im Kalender so nahe am Beginn des Freimarkts lag, pflegte seine Mutter ihn an diesem Tage, nachdem sie ihn ermahnt hatte, auch im neuen Lebensjahr recht brav zu sein, auf das nahe Marktvergnügen zu vertrösten. Ein Geschenk zu geben, war sie niemals in der Lage, und wenn Piddl auch fast jedesmal eine in späten Abendstunden heimlich zurechtgestückelte neue Hose bekam – es fiel ihm doch schwer, sie als Geburtstagsgeschenk zu bewerten. ‚Eine Hose hätte ich immerhin bekommen', sagte Piddl dann in Gedanken. So oder so. Mit der alten war es wirklich nichts mehr. Wenn es doch einmal etwas anderes gewesen wäre, etwas, das einem Geburtstagsgeschenk ähnlicher sah, und allerhand lockende Bilder stiegen vor seinem Auge auf: Gummibälle, die nach dem Niederfallen bis unter die Zimmerdecke sprangen, Kreisel, die minutenlang liefen, ohne geschlagen zu werden, Taschenmesser mit wirklich stählernen Klingen und Hornschalen, wie sie in den Auslagen der Eisenkrämer lagen. Aber er wußte nur zu gut, was für unerschwingliche Sachen er sich da wünschte, und er hätte sich eher die Zunge abgebissen, als daß er ein Wort davon hätte verlauten lassen. Er hätte seine Mutter damit nur bekümmert und wäre der Erfüllung der Wünsche doch um keinen Zoll nähergerückt.

Auch diesmal hing die übliche Hose bei seinem Erwachen auf der Stuhllehne vor seinem Bett.

„Für diesmal hat's nicht weiter gelangt", sagte die Mutter und küßte ihn.

„Macht nichts", entgegnete er und schlang seinen Arm um ihren Hals. Piddl war ein Meister im Verzichten.

„Übermorgen zum Freimarkt kannst du denn ja auch deinen Groschen mitnehmen", setzte die Mutter hinzu. –

„Piddl hat Geburtstag heute!" riefen die Kinder, als der Lehrer die Klasse betrat.

„Wirklich?" fragte der, als handle es sich um ein ganz unmögliches Ereignis.

Piddl war aufgeregt geworden. Er hatte nicht gern, wenn man von ihm sprach, sich mit ihm beschäftigte. Auf dem Schulweg vorhin hatte er es unbedachterweise Fritz Röhnholz erzählt, und der hatte nun das Plappermaul gespielt.

„Wie alt bist du denn heute?" fragte der Lehrer wieder und tätschelte ihm den Kopf.

„Zehn", sagte Piddl voll heimlichem Stolz. Zehn Jahre! Das war doch schon etwas! War er noch einmal doppelt so alt geworden, würde er schon erwachsen sein.

„Hast du dir denn auch brav was schenken lassen?"

In Piddl stieg es heiß auf. Nun mußte er ja damit heraus, daß er nur eine Hose bekommen habe. Aber das wollte er nicht. Um keinen Preis. Die ganze Klasse würde ja auflachen.

„Nein", sagte er darum, schaute mit heißem Kopf auf die Tischplatte und bemühte sich, verächtlich die Lippen zu kräuseln, als lege er wirklich keinen Wert auf solche Dinge.

„Übermorgen ist ja schon Freimarkt", setzte er dann hinzu.

„Nun freilich, und da wirst du dir ein Vergnügen machen, nicht wahr? Karussell fahren, Kuchen essen und Bonbons knabbern, was? Weil du aber heute Geburtstag hast, brauchst du für morgen keine Hausaufgaben zu machen, verstehst du?" –

Der Markt begann an einem Sonntagnachmittag. Orgeldreher mit breitrandigen Hüten und braunen Gesichtern durchzogen die Straßen, und auf dem Marktplatz waren am Tage vorher die Buden der Marktbezieher aufgestellt worden, zwischen denen sich die schwatzende, lachende Menge in beklemmender Enge drängte. Allenthalben roch es nach Schmalzkuchen, Bratwürsten und Honigkuchen, schrien Ausrufer und Verkäufer ihre Waren aus. Ihre Stimmen vermischten sich unermüdlich mit dem Gedröhn der Dampforgeln vor den Schaubuden und Karussells zu einem betäubenden Durcheinander, in dem alle möglichen Melodien sich zu überbieten schienen und sich gegenseitig niederzuschreien versuchten.

Besonders ein gewaltiges Orchestrion mit brummenden Bässen, klingenden Schellen und schrillen Flöten machte in seinem Umkreise alle anderen Instrumente mundtot. Seine Walzen wurden von einem Motor getrieben, der mit glühendem Feuerloch und ratternden Gängen am anderen Ende der Schaubude lag, in der man das letzte Erdbeben, die beiden großen Eisenbahnunfälle in Amerika und das Grubenunglück im Kohlenrevier gemächlich durch runde Gucklöcher betrachten konnte. Ein kleiner, zierlich aus Holz geschnitzter Kapellmeister stand in einer der Nischen des Orgelprospekts, wandte den Kopf nach links und rechts und schlug mit steifem Arm und ruckweisen Bewegungen tadellos den Takt.

Vor dieser Bude standen Piddl und Fritz Röhnholz, ganz verloren in den Anblick des kleinen befrackten Kapellmeisters, der mit so sauber gescheitelter Frisur und freundlichem Wenden des Kopfes seines Amtes waltete.

Piddl hatte heute sein Zehnpfennigstück mitbekommen und die Weisung, keinen Unsinn dafür zu kaufen.

„Das ist eine feine Bude!" flüsterte er Fritz Röhnholz zu, der mit offenem Munde den Ausrufer anstierte. Mit einer Stimme, die das Gedröhn der Orgel übertönte, schrie der die unerhörten Ereignisse, welche die Bude barg, in die Menschenmenge hinaus, die sich langsam vorüberdrängte.

„Wenn man da hineingänge?" flüsterte Piddl.

„Erwachsene zahlen zwanzig Pfennig! Kinder nur zehn Pfennig! Immer herein, meine Herrschaften! Das Erdbeben in Messina! Das Eisenbahnunglück in Massachusetts, die furchtbare Grubenkatastrophe im Kohlenrevier!"

Aber Piddl konnte sich doch nicht entschließen. Vielleicht war anderso noch etwas Großartigeres für zehn Pfennig zu haben? Man mußte vorsichtig sein.

Langsam gingen die beiden Jungen weiter. In ihren Augen spiegelte sich der Glanz der Gasflammen und elektrischen Glühbirnen, die in verschwenderischer Fülle vor den Buden der Schausteller brannten, und in ihre Nasen stieg der Duft der frisch bereiteten Schmalzkuchen, die mit Zucker bestreut auf den Tabletts der Kuchenbäcker lagen.

Piddl hatte eine Art Taumel erfaßt, ein Schwindel der Festfreude, der vor den sich drehenden Karussells, den Luftschaukeln und Rutschbahnen zu einem wahren Wirbel anwuchs, sein Herz schneller klopfen ließ und auf seine blassen Wangen eine feine Röte breitete.

Aber in all dem wirren Durcheinander, das auf ihn eindrang, stand in seinem Innern der eine Gedanke fest: ‚Wende deine zehn Pfennig vernünftig an! Du kannst sie nur einmal ausgeben, ein einziges Mal!'

Wurstverkäufer lockten mit schreienden Worten, dampfenden Kesseln und rotleuchtenden Würstchen, das Paar zu zehn Pfennig, in Spielwarenbuden bot man tausenderlei Teile für zehn Pfennige zum Aussuchen an, ein fliegender Händler schrie ein ganzes Dutzend Schnürbänder für zehn Pfennig aus, und Piddl überlegte einen Augenblick, ob er seiner Mutter vielleicht damit eine Freude machen könne. Aber der Markttrubel trieb ihn weiter.

Da standen Händlerinnen mit kleinen Luftballons, Schnurrädern, Klappern und Pfeifen. Hier entschied sich Fritz Röhnholz für ein Instrument, das auf die Zunge gelegt wurde und mit dem man die Stimmen der Vögel nachahmen konnte.

Die neue Kunst mußte sogleich probiert werden. Piddl bewunderte seinen Freund, der sich in wenigen Minuten in einen Tierstimmenimitator verwandelt hatte. Er pfiff wie ein Stieglitz, flötete wie eine Drossel, schlug wie ein Buchfink und rollte wie ein Kanarienvogel.

Aber Piddl konnte sich trotz allem Zureden nicht entschließen, ein gleiches Instrument für sich zu kaufen. Immer wieder war es der Gedanke: ‚Du versiehst dich!'

In seinem Magen begann sich der Hunger zu regen. Aber verachtungsvoll streifte er die tausend Herrlichkeiten, die allenthalben feilgeboten wurden, mit den Augen. Das fehlte noch, seine zehn Pfennig in solchen Sachen anzulegen. Und lächerlich wenig bekam man außerdem nur für zehn Pfennig. Das war wirklich nicht das Geld wert!

Er steckte die Hände in die Taschen und ging an den Auslagen der türkischen Bonbonverkäufer, der Honigkuchenbäcker und Schokoladenhändler mit gerunzelter Stirn und verachtungsvoller Miene vorüber.

Bei einem der Karussells trafen sie Klara Dinghammer. Sie stand dort mit ihren Freundinnen und sah gierig zu, wie sich die Kinder reicherer Leute auf die Pferde stürzten, die mit ausgereckten Beinen und weit aufgerissenen Nüstern auf den eisernen Stangen schwebten.

Das wäre etwas gewesen! Fünf Pfennig kostete es, und seine zehn Pfennig hätten für ihn und Klara genügt. Wie im Traum würde es sein. Aber es ging doch nur dreimal herum, und das war vielleicht doch keine fünf Pfennig wert.

„Hast du schon mal gefahren?" fragte Klara ihn.

„Nein!" sagte er und heuchelte äußerste Gleichgültigkeit.

„Ich möchte so gern mal!"

Piddl kämpfte einen verzweifelten Kampf. Aber er wußte sich zu beherrschen.

„Sei doch nicht so dumm, Klara", begann er. „Was liegt denn dran? Sich dreimal herumzudrehen, ist doch keine fünf Pfennig wert?"

Klara schien das nicht recht zu begreifen, wenigstens sandte sie dem Karussell, das sich eben wieder in Gang gesetzt hatte und sich nun mit schwingenden Laternen und wehenden Fahnen wieder herumschwang, noch einen sehnsuchtsvollen Blick zu und mischte sich dann wieder unter die Menge.

Auch Piddl ging mit Fritz weiter.

Halt! Hier konnte man mit Ringen werfen. Vier Ringe gab es für zehn Pfennig, und wer geschickt war, konnte das schönste Taschenmesser bekommen, wenn er es verstand, zwei Ringe auf dasselbe Messer zu werfen!

Piddl beobachtete gespannt ein paar junge Leute. Einer wandte dreimal zehn Pfennig an, und nur ein einziges Mal blieb der kleine eiserne Ring an einem Messer hängen. Nein, das wollte er doch lieber nicht versuchen. Es war wohl zu schwierig.

Aber dort! Was war das? Ein fliegender Händler pries Hamburger Kuddelmuddel an, Glückspakete, die durcheinandergewürfelt in einem riesigen Bastkorb lagen.

In einem der Pakete sollten zehn Mark stecken. Der glückliche Gewinner!! Zehn Mark! Herr du meines Lebens!

Piddl stand vor dem Korb still und schaute hinein. Das Herz klopfte ihm bis zum Hals. Krampfhaft hielt er die zehn Pfennig in seiner heißen Hand.

Sollte er es wagen? Ihm war, als müsse er unbedingt die zehn Mark gewinnen. Dort das kleine Paketchen in rotem Papier mußte es sein. Es war gar kein Zweifel. Es lockte ihn. Es brannte ihm geradezu im Auge.

„Fritz!" sagte er und stieß seinen Freund an. „Was meinst du?"

„Probier's", flüsterte der, „man kann nicht wissen – vielleicht – wenn du Glück hast?"

Hatte er wirklich eines der kleinen Pakete genommen? Da stand er im Gewimmel der Menschen und wurde weitergedrängt, unaufhaltsam, und hielt ein kleines, federleichtes Paketchen in der Hand, nicht größer als eine Streichholzschachtel. Und dafür hatte er seine zehn Pfennig hingegeben!

Ihm war, als wisse er plötzlich ganz genau, daß er sich betrogen habe! Das Paket enthielt vielleicht einige wertlose

Bonbons oder ein paar Nichtigkeiten – und dafür hatte er seine zehn Pfennig hingegeben!

Ein lähmender Schreck durchfuhr ihn, der seine Wangen blaß werden ließ. Wie konnte er nur so unbedacht sein? So
5 leichtsinnig! Waren es nicht zehn Pfennig, die er dafür gegeben? Ein ganzer Groschen?

Entschlossen kehrte er wieder um und drängte sich durch die Menschenmenge, die ihm entgegenflutete, zu dem Händler mit dem weißen Bastkorb zurück, aus dem er
10 das Paket genommen hatte.

„Ich möchte mein Geld wiederhaben!" stotterte er.

„Hamburger Kuddelmuddel!" schrie der Händler, ohne den Jungen zu beachten.

„Mein Geld möcht' ich wiederhaben!"

15 „Wer wagt's nochmal?" schrie der Händler wieder und klatschte ermunternd in die Hände.

„Das Paket – da haben Sie's wieder", schrie Piddl lauter und hielt es in die Höhe. „Ich hab's noch nicht geöffnet!"

„Zehn Pfennig jedes Paket!" schrie der Händler und sah
20 über ihn weg.

Piddl packte die Verzweiflung.

„Ich will mein Geld wiederhaben!" schrie er laut und begann zu heulen.

Einige Leute blieben stehen und fragten, was ihm fehle. Im Augenblick staute sich die Menge. Man umdrängte den Bastkorb und diejenigen, die nicht sehen konnten, was vorging, vermuteten etwas Ungeheuerliches.

„Hamburger Kuddelmuddel hier!" schrie der Händler, der Piddl immer noch nicht sehen wollte.

Aber die Menge staute sich mit jeder Sekunde mehr, und der Händler begriff, daß er seinem Geschäft schade, wenn er noch länger taub bliebe.

„Mein Geld!" schrie Piddl und heulte von neuem auf.

„Schafskopf!" knurrte der Händler zwischen den Zähnen, riß ihm das Paket aus der Hand und gab ihm ein Zehnpfennigstück zurück.

Piddls Tränen waren im Augenblick versiegt. Wie ein Wiesel zwängte er sich durch die Menschenmenge.

„Hast du dein Geld wieder?" fragte Fritz Röhnholz.

Piddl nickte, seelenfroh, seinen Nickel wieder zwischen den Fingern zu haben.

Am Abend kam er heim, müde und hungrig, aber mit leuchtenden Augen.

Strahlend legte er seine zehn Pfennig wieder auf den Tisch.

„Da ist das Geld noch, Mutter", sagte er. „Ich habe mir nichts dafür gekauft. Weißt du, es sind ja doch alles Dummheiten, die man auf dem Freimarkt kauft."

Als er im Bett lag und die Mutter bereits die Lampe gelöscht hatte, klopfte ihm noch das Herz, wenn er an all die Herrlichkeiten dachte, die er hätte haben können. Aber dann dachte er an sein Zehnpfennigstück, das er beinahe schon vertan gehabt und das er so mutig zurückerobert hatte, und zufrieden mit sich selbst drehte er sich um und schlief ein.

— 6 —

Bisher war es nur in den Auslagen der Putzmacherinnen Winter geworden. Aber nun schien es, als wenn er wirklich kommen wollte. Mit einem Male war die Luft eiskalt und trocken, die Spatzen balgten sich in den Dachrinnen der Häuser, und in den abgeernteten Gärten blühten nur noch verspätete Herbstastern und einzelne Chrysanthemen.

Es war an einem Mittwochnachmittag. Piddl hatte schulfrei und saß in der Kellerstube, die seine Mutter bewohnte, dicht am Fenster und schaute auf die Straße. Neben ihm, auf dem Fensterbrett, standen die beiden alten Fuchsien, die seine Mutter einst als Stecklinge geschenkt bekommen, und die sie schon seit Jahren gepflegt und in jedem Frühjahr immer wieder zum Blühen gebracht hatte.

Auf der Straße war es ganz still. Die Luft drang kalt durch die offene Luftscheibe in die niedrige Stube, und Piddl wurde es ganz wohlig ums Herz. Er lag mit dem Kopf auf der Fensterbank und sonnte sich.

Wie behaglich das war, wenn die Sonne so ins Zimmer schien. Die Fensterbank war schon ordentlich warm geworden. Er schloß die Augen und lächelte in sich hinein.

Verstört sah er nach dem kleinen Wecker, der mit seinem Klick-Klack die stille Stube füllte.

Wahrhaftig! Schon halb vier.

Um vier Uhr mußte er mittwochs antreten.

Er griff nach der Mütze und trollte los. Es war ja höchste Zeit. Der Weg zum Geschäft dauert eine gute halbe Stunde.

An der Straßenecke spielten die Kameraden, und die Mädchen ließen ihre Kreisel laufen. „Spiel mit!" riefen sie, als er vorbeiging.

Er lächelte nur. Ein wenig erhaben und höhnisch tat er dabei. Eigentlich war es ihm gar nicht ernst damit. Aber es sah dann nicht so aus, als beneide er sie, wie sie Marmel spielen und Kreisel laufen lassen konnten.

Klara Dinghammer war auch dabei. Sie hatte einen neuen Kreisel bekommen. Er stand einige Minuten still und sah ihr zu, wie sie den Kreisel mit der Peitsche schlug.

„Klara", sagte er.

„Hm?" machte sie.

„Bist du meine Braut noch?"

Sie sah auf und lächelte.

„Ich weiß nicht!" entgegnete sie dann und lief dem Kreisel nach, der einen Hopser gemacht hatte.

„Ich bring dir heut abend was mit, wenn ich zurückkomme!" rief er ihr nach.

„Was denn?" fragte sie, indem sie einige Schritte zurückkam. „Aber keine Zuckerstange wieder! Die mag ich nicht!"

„Ja, weißt du, ich muß sehen, was mir die Meisterin schenkt, wenn ich weggeh!" – Er nickte ihr zu und ging weiter.

Wahrhaftig, in den Anlagen wurden die Büsche schon kahl. Das mußte der Frost in der vergangenen Nacht getan haben. Ganz oben in dem Gipfel einer Esche saß frierend eine dick aufgeplusterte Drossel.

An dem Uhrmacherladen zeigte die große Normaluhr schon zehn Minuten vor vier. Gott, wie er gebummelt haben mußte. Es war die allerhöchste Zeit. –

Eine Viertelstunde später lief er mit seinem Korb durch die Straßen im Villenviertel. Pfeifend, wie ein richtiger Bäckerjunge, verfolgte er seinen Weg. Heute war es ja ein Vergnügen, bei dem Wetter!

Bei jedem Schritt, den er machte, dachte er an Klara Dinghammer und an das Stückchen Konfekt, das er ihr heute abend mitbringen würde, wenn ihm die Meisterin eins schenkte.

Er hatte es sich schon ausgedacht: Wenn sie ihm wieder eine Zuckerstange geben wollte wie sonst, würde er sagen:

‚Vielleicht, wenn's nichts ausmacht, nehme ich lieber ein Stück Konfekt. Kostet ja auch nur fünf Pfennig!'

Die Meisterin war gut und würde es nicht übelnehmen. Es war ja für Klara, sonst würde er es gewiß nicht sagen. Er freute sich schon darauf, wenn er es Klara am Abend geben würde.

Sie wartete dann an der Straßenecke, wenn er heimkam, und er sagte: ‚Da!' und holte es aus der Tasche und gab es ihr.

Fein war das.

Er mußte nur vorsichtig sein, daß er es in der Tasche nicht zerdrückte.

Sie stand dann und aß, und er sah ihr zu, wie es ihr schmeckte. Sie erzählte, was sie gespielt hatten am Nachmittage und mit wem sie sich erzürnt hatte.

Heute abend würde es nicht so zugig und kalt sein.

Am Abend langte die Meisterin wie sonst nach dem gläsernen Becher, in dem die Zuckerstangen standen. Die Zuckerstangen waren eine Belohnung, die Piddl nebenbei bekam.

Ihm klopfte das Herz bis zum Hals hinauf.

„Heute abend – wenn's sein kann – möcht' ich keine Zuckerstange", stammelte er.

„Nicht", sagte die Meisterin, „das ist auch gut."

„Wenn's sein kann, möcht' ich 'nen Mohrenkopf dafür."

Die Meisterin blickte ihn von der Seite her verwundert an. Der Junge war doch sonst nicht unbescheiden. Piddl war ganz verlegen geworden.

Als er draußen stand mit seinem Mohrenkopf, hätte er am liebsten vor Freude laut aufgeschrien.

Vorsichtig trug er seinen Schatz. Es ging doch nicht gut, daß er ihn in die Tasche steckte. Wenn er ihn zerdrückte –!

Als er in die Winkelgasse einbog, war alles still. Ein feiner, warmer Regen hatte eingesetzt, der die Gaslaternen in sprühende, schimmernde Nebel hüllte und mit leisem Trommeln in den Gossen von den Dächern niederrann.

Klara war nirgends zu sehen.

Er wartete eine Viertelstunde vor ihrem Hause. Er pfiff einmal über das andere. Endlich erschien sie mit einem Korb. Sie wollte noch Einkäufe besorgen.

„Ich habe dir was mitgebracht", sagte er und trat auf sie zu.

„Wieder 'ne Zuckerstange?" fragte sie etwas höhnisch und neugierig zugleich.

„Guck, was drin ist!"

Er gab ihr das kleine Paket.

Sie wickelte es aus. Ein Mohrenkopf!

Gierig biß sie hinein und schmatzte vor Behagen. Glücklich lächelnd sah er ihr zu.

„Weißt du", sagte sie dann mitten im Kauen, „Karl Langenberg hat mich heut abend gefragt, ob ich nicht seine Braut sein will, aber das will ich nun nicht mehr."

„Was hat er dir gegeben?" fragte er ahnungsvoll, mit gerunzelter Stirn.

„Er wollte mir seinen Kreisel geben, weißt du, den kleinen, der so weit springt. Aber ich will es nun nicht mehr. Ich will nun deine Braut bleiben."

Sie nickte ihm zu und huschte über die Straße nach dem Krämerladen.

Lächelnd wandte Piddl sich um und ging nach Haus. Nach wenigen Schritten schon begann er zu pfeifen, wie er es immer tat, wenn er glücklich war.

7

Es war am Sonntag vor Weihnachten. Ein eisiger, feuchtkalter Wind strich durch die abenddunklen Straßen und kämpfte vergeblich gegen den Nebel an, der dick und zäh war und alle Gegenstände draußen vor Nässe erglänzen ließ, die Griffe an den Türen, die Häuser, die Steine auf dem Pflaster und die Laternen auf den Straßen. Fröstelnd gingen die Leute durch den Nebel, tauchten plötzlich auf und verschwanden wieder wie die Bilder eines Schattentheaters. Selbst auf den Hauptstraßen, wo allenthalben die Läden mit ihren verlockenden Auslagen zum Kauf einluden und eine Flut von elektrischem Licht in den nebelverhangenen Abend hinausgeschickt wurde, schien der Nebel der Stärkere bleiben zu sollen. Er hüllte die elektrischen Sonnen in milchweiße Schleier, machte den Asphalt glatt und schlüpfrig und steigerte die Formen aller Gegenstände ins Riesenhafte. Er ließ die Droschken, die hinter müden Pferden langsam mit klirrenden Scheiben durch die Straßen rollten, wie urväterliche Postkutschen erscheinen und Frachtwagen bis ins Ungewisse hinaufwachsen. Wo sich aber ein paar Bekannte auf der Straße begegneten, hörte man immer dasselbe Gespräch: „Dieser Nebel! – Abscheulich! – Das soll ein Weihnachtswetter sein? – Na, ich danke." –

Klara Dinghammer stand an einer Straßenecke und hielt künstliche Blumen feil, Schneebälle aus weißem Seidenpapier und Rosen aus rotem Kreppapier. Ihre Mutter hatte die Blumen in späten Abendstunden für den Straßenverkauf angefertigt, und heute sollte Klara nun zum ersten Male versuchen, mit den Blumen ein paar Weihnachtsgroschen zu verdienen.

Die Finger waren ihr bereits steif geworden in der naßkalten Luft, und das kleine schwarze Jäckchen, das ihr in diesem Jahre viel zu eng geworden war, schützte sie nur schlecht vor der Kälte. Sie trat fröstelnd von einem Fuß auf den anderen und blies abwechselnd in die Hände, um sie ein wenig zu erwärmen. Die Papierblumen hatte sie in einem kleinen, sauberen Körbchen, das sie am Arm trug, sorgsam aufeinandergelegt.

Anderthalb Stunden hatte sie bereits so gestanden, und bis dahin hatte sie nur einen einzigen Schneeball für zehn Pfennige verkauft.

Sie hatte so viel Mut gehabt, als sie gleich nach der Schulzeit fortgegangen war mit ihrem Korb. Aber der war ihr schon vergangen. Niemand kümmerte sich um sie. Jeder hatte es eilig, weiterzukommen, und wer langsamer ging und mehr Zeit zu haben schien, sah nur in die hellerleuchteten Schaufenster hinein, statt in Klaras bescheidenes Körbchen.

Zuletzt wagte sie es und begann leise „Blumen gefällig?" zu rufen, wenn jemand nahe genug an ihr vorüberging.

Nach einer Stunde verkaufte sie wieder einen Schneeball. Nun brauchte sie nur noch einen zu verkaufen, damit sie die Auslagen wiederhatte für das Papier, das ihre Mutter beim Buchbinder gekauft hatte.

Der Nebel schien immer dicker zu werden. Wie die Equipage da vorüberrollte! Man hörte nur die Pferdehufe auf dem Pflaster. Der Wagen lief auf Gummirädern geräuschlos hinterdrein. Da drinnen hinter den Scheiben in den warmen Polstern zu sitzen –!

Klara hauchte wieder in die Hände. „Blumen gefällig? Schneebälle? Rosen?"

Plötzlich tauchte Piddl Hundertmark vor ihr auf. Was trug denn der da auf den Händen?

„Klara!" sagte er überrascht und blieb stehen.

Klara nickte ihm zu und lächelte. Eigentlich war es ihr nicht recht, daß Piddl sie hier stehen sah. Er brauchte nicht zu wissen, daß es bei ihnen zu Hause so knapp zuging. Aber er hatte sofort begriffen, was sie hier wollte.

„Na, schon was verkauft?" fragte er leise.

Sie schüttelte stumm den Kopf.

„Du mußt hier auch nicht stehn!" rief er. „Hier haben's die Leute zu eilig. Stell dich lieber in die Kaiserstraße. Da gehn auch viele Leute, aber sie gehn langsamer und lassen sich eher Zeit."

Mutlos schüttelte Klara den Kopf. „Was trägst du denn da?" fragte sie, um auf ein anderes Thema zu kommen.

„'nen Festkuchen", sagte er stolz. „Der soll schon zu Weihnachten sein, weißt du. Komm mal'n bißchen dichter ran, dann kannst du ihn riechen. Fein, was?"

„Ja", sagte sie und zitterte vor Kälte. „Fein, das ist wahr!"

Aber Piddl konnte nicht länger bei ihr stehenbleiben. „Ich muß weiter", sagte er, „die Meisterin schilt, wenn ich zu lange wegbleib. Ich hab' nachher noch mehr zu laufen. Eine Apfeltorte ist bestellt und muß noch weg, und vielleicht muß ich nachher noch mit Teegebäck unterwegs. Aber der Nebel! Fein, was? Ich wollt', daß er noch dicker würd'. Das wär'n Spaß."

Er nickte ihr zu und ging.

Klara stand wieder allein. „Blumen gefällig? Schneebälle? Vielleicht Rosen?" –

Spät, um zehn Uhr, kam sie heim, hungrig und müde.

„Na?" sagte Dinghammer und sprang von seinem Schustersessel auf, und „Na?" sagte die Mutter atemlos und hielt im Kartoffelschälen inne.

„Vierzig Pfennig!" sagte Klara und legte das Geld mit starren Fingern auf den Tisch. „Drei Schneebälle und eine Rose."

„Den Deubel auch!" schrie der Schuhmacher, setzte sich wieder auf seinen Schemel und begann ein Stück Leder zu klopfen. Frau Dinghammer schwieg. Sie seufzte nur leise.

„Setz dich an den Ofen und iß und trink. Bist gewiß ganz durchgefroren."

Klara aß gierig, ausgehungert und durchfroren von dem Nebel und der naßkalten Luft. Gesprochen wurde nichts. Der Schuster hämmerte, daß man auch nichts hätte verstehen können.

Leise drückte sich Klara in die Kammer, die nebenan lag, zog sich aus und schlüpfte ins Bett. Die Schwester schlief schon.

Ach, wie mollig das war, bei der hineinzukriechen, die warm, wie ein frisch gebackener Kuchen unter der Decke lag. Nur still mußte sie liegen, daß sie die Kleine nicht weckte. –

„Wenn dat so wietergeiht, denn kriegt wi keen Wiehnachtsstuten", seufzte Frau Dinghammer auf, die wieder hinter ihren Kartoffeln saß.

Der Schuster lachte grimmig. Aber er sagte nichts und spie nur höhnisch in die Stube.

„Ick weet nich", fuhr Frau Dinghammer fort, „mi kummt dat meist so vör, as wenn't dit Johr allens dürer is as vergahn Johr!"

Mit einem Ruck wandte sich Dinghammer um. „Das kummt di blots so vör – kummt di so vör? – Nee, nu kiek di dat an! Wat du nich seggn deist!"

Dann begann er wieder grimmig das Leder zu klopfen.

„Du schaß man Fierabend maken, Emil", begütigte ihn die Frau.

„Den Dübel will ick dan!" schrie der.

Klara aber lag nebenan in ihrem Bett und war schon eingeschlafen. Sie sah sich im Traum wieder auf der Straße stehen und ihre Blumen verkaufen. Der Nebel begann sich in große, weiche Schneeflocken aufzulösen, und eine wunderbare Milde erfüllte die Luft. Der Frost prickelte ihr nicht in den Händen, und der Wind zerschnitt ihr nicht das Gesicht. Dichter und dichter fiel der lockere Schnee, und das Geräusch der Straßen klang gedämpft, fast heimlich und still. Die Leute, die vorübergingen, sahen sie freund-

lich an, und sie verkaufte ohne Unterlaß, diesem einen Schneeball und jenem eine Rose – bis der Korb leer war. Aber, o Wunder! Wie sie den leeren Korb vom Pflaster aufnehmen und fortgehen wollte, mit einem Herzklopfen
5 der Freude, das ihr beinahe den Atem nahm, sah sie aus dem Korb neue Blumen wachsen. Schneebälle und Rosen. Richtige, lebendige Blumen waren es, und die Rosen dufteten durchdringend und voll, wie die ersten, die sich im Juni öffnen. Und jedesmal, wenn sie mit freudezitternden
10 Händen eine der Blumen aus ihrem Korb nahm, blühte eine andere an ihrer Stelle auf! Rosen – Rosen – Rosen!

Sie nahm ganze Büsche voll heraus und streute sie in kindlicher Freude um sich herum, daß sie wie große Blutflecke in dem weißen Schnee lagen. Aber es wurden darum
15 nicht weniger in ihrem Korb. Die aber auf die Erde fielen, wuchsen von dort empor, höher und höher, schlangen die Zweige ihr um Hals und Schultern und hüllten sie ganz in Rosen ein. Sie aber stand da wie in einer frühlingswarmen Laube und lächelte, und die Vorübergehenden blieben ste-
20 hen, schauten sie an und lächelten auch, freundlich und voll milder Güte. Wie ein Dornröschen stand sie da mit ihrem Korb voll von Schneebällen und Rosen, mitten im Winter unter rieselndem Schnee auf offener Straße.

Da hoben die Leute, die dichtgedrängt vor ihr standen,
25 ihre Kinder auf den Arm und riefen: ‚Seht das Christkind dort unter Rosen stehen!‘

Aber da tauchte Piddl Hundertmark plötzlich unter den Leuten auf und schrie vergnügt: ‚Das ist ja Klara Dinghammer aus der Winkelgasse.‘

30 Da erwachte sie, noch selig von dem Glück, das sie im Traum erlebt hatte, und während sie sich im Bette aufrichtete und sich noch nicht wieder in die Wirklichkeit zurückfinden konnte, hörte sie den Atem der Schwester neben sich, sah sie den schmalen Lichtstreifen, der aus der Wohn-
35 stube ins Schlafzimmer fiel, und hörte plötzlich die Mutter

sprechen, die seufzend sagte: „Un wenn ick blots een ganz beeten Botter nehm und de Rosin'n rutlaten do – ick weet nich, wovon ick den Klaben backen schall."

In diesem Augenblick begriff Klara, daß sie nur geträumt hatte. Stumm sank sie auf ihr Kissen zurück. Aber die graue, lähmende Enttäuschung, die ihr Herz erfüllte, wich schon nach wenigen Minuten, als ihre Mutter die Kammer betrat. Klara tröstete sie: „Vielleicht, daß ich das nächste Mal mehr verkauf, Mutter. Es sind ja noch acht Tage bis Weihnachten!"

—— 8 ——

Am Weihnachtsabend schien es wirklich so, als wollte es niemals wieder recht Tag werden. Dicke graue Wolken zogen unter dem Himmel hin, träge und langsam, als ginge sie all die Unruhe der Festvorbereitungen da unten auf der Erde nicht das mindeste an. Schwer und tief zogen sie über den hohen, rauchgeschwärzten Dächern der Großstadt dahin, als warteten sie nur darauf, in dichten Nebeln niederzusinken und die ganze Stadt unter ihren feuchten Schleiern begraben zu können. Am Nachmittag begann es zu regnen. Ein sprühender, nieselnder Regen war es, der geräuschlos auf das Pflaster niederrann und eine Decke von klebrigem Schmutz darauf breitete. Schon früh am Nachmittag mußten allenthalben in den Läden die Gasflammen angezündet werden, und doch schien jeder bereit, in Vorfreude auf den kerzenstrahlenden Abend den trüben Tag zu vergessen.

Piddl hatte alle Hände voll zu tun, denn auch beim Bäckermeister Meyerdierks am Stintgraben waren die Tage vor dem Weihnachtsfest die besten im ganzen Jahr. Die Hausfrauen brachten dann die Stollen, die sie zum kommenden Feste selbst geknetet hatten, zum Garmachen, und obendrein wurden in der Bäckerstube Kringel und Kuchen aus Zuckerteig gestochen, die noch warm von der Hitze des Ofens in den Laden wanderten, wo sie auf großen Platten darauf warteten, gekauft und am Christbaum aufgehängt zu werden.

Das ganze Haus, das schiefwinklig und altersschwach zwischen den Häusern am Stintgraben lag, war erfüllt von dem süßen Geruch all der frischen Backwaren, unter denen besonders die Weihnachtsklaben, mit Rosinen und Mandeln gespickt, braun und glänzend, das Haus mit dem Duft des kommenden Festes erfüllten und nur darauf zu warten schienen, zu den Familien gebracht und angeschnitten zu werden.

Piddl trug einen nach dem anderen auf seiner Kuchenplatte davon. Auf großen, von der Hitze des Backofens braun gewordenen Zetteln standen die Namen der Kunden, denen die Klaben gehörten, und es hieß aufpassen, damit man nicht an eine falsche Adresse kam.

Piddl war redlich müde von der unausgesetzten Lauferei am Nachmittag, aber je weiter es zum Abend ging, desto mehr lichteten sich auch die Reihen der Kuchen, und als es sieben Uhr schlug, war endlich der letzte besorgt. In vielen Häusern hatte man schon zu feiern begonnen, und Piddl hatte jedesmal Herzklopfen bekommen, wenn er in diesem oder jenem der Häuser durch die Türspalte den Schimmer des Tannenbaumes gesehen hatte, wenn das Jubeln der Kinder und das Klingen ihrer Weihnachtslieder an sein Ohr gedrungen war.

Als der Zeiger der Uhr auf acht vorrückte, konnte er sich kaum mehr auf den Beinen halten. Er stolperte über seine eigenen Füße, und die Meisterin schickte ihn fort.

„Geh nur jetzt nach Hause", sagte sie gutmütig. „Wir werden schon fertig! Marie ist ja da und der Geselle auch."

Sie schnitt ihm ein Stück von ihrem eigenen Klaben ab, gab ihm seinen Wochenlohn aus der Ladenkasse und fuhr fort: „Diesmal bekommst du zwei Mark statt einer. Es war eine saure Woche. Und dies hier bekommst du noch dazu!" Sie reichte ihm ein Paket.

Piddl war ganz verwirrt. Er nahm ungern etwas geschenkt, und darum stand er da, schüttelte den Kopf und wollte das Paket nicht annehmen.

„Das nimmst du mit", sagte die Meisterin kurz und bestimmt. „Es sind ein Paar Stiefel drin für dich und ein Paar Handschuhe. Ich glaube, du kannst die Sachen brauchen, und für deine Mutter ist ein neues Tuch drin, das sie um die Schultern schlagen kann, wenn sie zum Waschen ausgeht. Nun mach, daß du fortkommst." –

Glückselig lief Piddl durch die Straßen heimwärts. Seine Müdigkeit spürte er kaum mehr. Ein Paar neue Stiefel, nagelneue! Er konnte sich nicht besinnen, jemals neue bekommen zu haben. Die Mutter pflegte seine immer nur beim Althändler zu kaufen, wenn es gar nicht mehr gehen wollte mit den alten.

Und ein Paar neue Handschuhe! Die brauchte er eigentlich gar nicht!

Klara Dinghammer fiel ihm wieder ein, die neulich ihre Papierblumen auf der Straße feilgehalten hatte und der dabei so jämmerlich die Hände gefroren hatten.

‚Ich könnte die Handschuhe Klara Dinghammer schenken', dachte er, und es wurde ihm ganz heiß bei dem Gedanken, vor Freude. ‚Die Mutter kriegt das Tuch, Klara die Handschuhe und ich die Stiefel, da hat jeder etwas!'

Als er die Stube seiner Mutter betrat, glühten seine Wangen vor Aufregung, und seine Augen glänzten.

Die Mutter war eben von der Arbeit heimgekommen. Sie stand gebückt vor dem kleinen Ofen und legte Feuer an.

„Bist du es, Piddl?" fragte sie, ohne aufzusehen.

„Und ob", rief er und lachte glücklich auf.

„Erst mal habe ich doppelten Lohn gekriegt für diese

Woche", platzte er dann heraus und ließ ein Zweimarkstück auf den Tisch fallen. „Dann hat mir die Meisterin 'n Stück von ihrem Klaben geschenkt." Er legte die knisternde Tüte auf den Tisch. „Und dann habe ich hier noch was.
5 Das zeige ich dir aber noch nicht. Du mußt erst mal die Augen zumachen! Nein, ganz zu! Nicht gucken!"

Hastig nestelte er den Bindfaden los, ließ die Stiefel und Handschuhe auf die Erde gleiten (wie frisch das Leder der Stiefel roch und wie schwarz sie glänzten!), nahm das Um-
10 schlagetuch und schlang es der Mutter mit einem Schwung um die Schultern.

„Sieh, sieh!" sagte Frau Hundertmark und öffnete die Augen. „Ein Umschlagetuch! Nee, so was! Daß die Meisterin auch an mich gedacht hat!"

15 „Fein, was?" rief Piddl und strich mit der Hand darüber.

„Und ich hab' Stiefel gekriegt, sieh mal, ganz neue, die noch niemand vor mir angehabt hat. Wenn sie nicht passen, kann ich sie umtauschen." –

Als die beiden ihr Abendbrot verzehrt hatten, begann
20 Piddl: „Weißt du, Mutter, neulich traf ich Klara Dinghammer auf der Straße. Sie verkaufte Papierblumen. Ich sag'

dir, die Hände waren ihr wie Eis. Was meinst du, wenn ich ihr die Handschuhe zu Weihnachten schenke? Ich brauche sie ja doch nicht! Ich steck die Hände in die Hosentaschen, wenn's mal recht kalt ist, und überhaupt 'n Junge! In unserer Schule kommt kein Junge mit Handschuhen an."

Das log er nun. Aber er mußte doch irgendeinen Grund angeben.

„Wenn du doch des Morgens den Brotkorb trägst?" fragte die Mutter.

Aber er war schon draußen. Wie ein Wiesel huschte er über die Straße zu Dinghammers, die nebenan im Souterrain wohnten. Er kannte dort jeden Schritt, sonst wäre er gewiß gestolpert, so dunkel war es dort. Leise klopfte er an die Stubentür.

Klaras Mutter war allein im Zimmer.

Wo denn Klara sei.

Sie sei zum Christmarkt gegangen, sagte Frau Dinghammer, die nur ungern eingestand, daß Klara wieder mit Blumen unterwegs war.

Piddl machte sofort wieder kehrt. Draußen klopfte er leise an das Fenster seiner Mutter und rief: „Klara ist zum Christmarkt. Ich laufe eben hin", und dann trabte er los, ohne eine Antwort abzuwarten.

Tannenbäume standen in langen Reihen auf dem Platz, lehnten sich aneinander und fragten sich, was mit ihnen werden sollte. In kleinen Verkaufszelten standen frierende Verkäufer hinter Schachteln voll Kerzen und Baumschmuck, traten von einem Fuß auf den andern und bliesen sich in die Hände. Dort stand auch Klara. Piddl hatte sie bald gefunden. Sie hielt wieder ihr Körbchen mit Schneebällen und Rosen, die ihre Mutter aus Seidenpapier angefertigt und mit feinem Draht gebunden hatte.

„Vielleicht Blumen gefällig? Rosen? Schneebälle?"

„Klara", sagte Piddl und trat auf sie zu.

„Piddl!" rief sie überrascht.

„Na?" fragte er, „hast du heute mehr verkauft als neulich?"

Sie zuckte die Achseln. „Woher kommst du denn noch so spät?"

„Oh", log er, „ich bummel hier so 'n bißchen 'rum." Daß er allein ihrethalben den Weg noch hierher gemacht hatte, wollte er nicht sagen.

„Schlechtes Wetter", nahm er die Unterhaltung wieder auf.

„Ja, der Regen, nicht?"

„Friert dich auch?"

„Warm wird man nicht beim Stehen", entgegnete sie und lächelte.

„Die Hände, was?"

„Es geht", meinte sie und guckte die Reihe hinunter, um nach einem Käufer auszuschauen.

Eine Dame ging dicht an ihr vorüber.

„Blumen gefällig? Rosen? Schneebälle? Zehn Pfennig das Stück."

„Danke, mein Kind."

Piddl stand und überlegte. Er wußte nicht recht, wie er es anbringen sollte. Wenn sie sein Geschenk nun ausschlug?

„Ich habe hier ein Paar Handschuhe", platzte er heraus, „die solltest du anziehen! Sie sitzen mächtig warm. Ich brauche sie gar nicht. Am besten behältst du sie gleich."

Er hielt sie ihr hin.

„Willst du sie nicht mal anprobieren?"

„Mich friert gar nicht so", beteuerte sie, ohne eine Miene zu verziehen.

„Zieh sie doch mal an. Es freut mich doch, wenn du sie trägst", sagte er leise bittend.

Verlegen und unschlüssig hielt Klara sie in ihren Händen.

„Sieh mal, die Schneebälle, Mama", sagte ein junges

Mädchen und blieb mit ihrer Mutter vor Klaras Körbchen stehen.

Das war eine Ablenkung. Klara verkaufte zwei Stück.

Als die beiden weitergingen, zog Klara plötzlich die Handschuhe an. „Weil du's gern willst", sagte sie.

Piddl lachte glücklich. „Wieviel Blumen hast du denn noch?" fragte er eifrig.

Sie zählte leise. Fünf Schneebälle und acht Rosen.

„Ich will dir helfen", sagte er. „Du mußt nur etwas lauter rufen. Die Leute hören dich gar nicht, wenn sie vorbeigehen. Soll ich mal?"

Und nun verkauften sie zu zweit. Piddl hatte ein paar Schneebälle in die Hände genommen und rief: „Schneebälle? Rosen? Wunderschön für den Christbaum! Nur zehn Pfennig das Stück." –

Es schlug zehn Uhr vom Kirchturm, als sie die letzte Blume verkauft hatten.

Hand in Hand gingen sie heim.

Klara war selig. Sie dachte nur an das glückliche Gesicht ihrer Mutter, wenn sie nun heimkommen würde mit dem leeren Korb.

Vor ihrer Haustüre streifte sie die Handschuhe wieder von den Händen und wollte sie Piddl zurückgeben.

„Einmal geben – wiedernehmen – ist schlimmer als wie stehlen!" rief er und sprang davon. –

Es hatte aufgehört zu regnen. Ein klarer, tiefblauer Winterhimmel spannte sich über der Stadt aus und entfaltete die schimmernden Schätze seiner Sternenwelt, als zünde sich auch die Erde nun ihren Weihnachtsbaum an.

9

Am Weihnachtsmorgen weckte Frau Hundertmark ihren Piddl in aller Frühe. Verschlafen schlug er die Augen auf, aber im nächsten Augenblick schon sprang er mit einem Satz aus dem Bett – auf dem Tisch der Stube brannte ein Tannenbäumchen. Es war allerdings schief und krumm gewachsen. Die Mutter hatte es am Weihnachtsabend aus dem Rest, der noch auf dem Christmarkt stehengeblieben war, für wenige Nickel erstanden und heimlich ins Haus geschafft, und wenn nun auch keine Zuckersachen daranhingen, so brannten doch ein halbes Dutzend Lichter, die Stube mit weihnachtlichem Schein und Duft erfüllend.

Selig vor Freude staunte Piddl das Bäumchen an, sein Bäumchen.

Große Gaben lagen freilich nicht darunter. Aber ein Brummkreisel war da, der, aufgezogen, wie eine Orgel brummte, und ein Märchenbuch mit bunten Bildern, das die Mutter für wenige Pfennige in einem Warenhause erstanden hatte.

Eine richtige Weihnachtsfeier hatte er eigentlich noch gar nicht erlebt. Doch, im vorigen Jahre in der Schule. Da hatten alle Kinder Tannenzweige mitgebracht und der Lehrer ein paar Lichter, und dann hatte man die Vorhänge zugezogen, und wie es so recht dämmerig still in der Klasse geworden war, hatte der Lehrer die Kerzen angezündet, und die ganze Klasse hatte laut gesungen: ‚O du fröhliche, o du selige, gnadenbringende Weihnachtszeit.' Oh, das war wunderschön gewesen. Und als das Lied ausgesungen war, hatte Karl Langenbach, der der Erste in der Klasse war, ein Weihnachtsgedicht aufgesagt, und dann hatte der Lehrer ein Märchen erzählt, vom Tannenbaum, der im Walde wuchs und ein richtiger Weihnachtsbaum wurde mit vergoldeten Äpfeln und Nüssen und schimmerndem Flitterwerk ... Oh, wie war das schön gewesen! Aber nun dies

Bäumchen hier, das ihm zugehörte, war doch noch tausendmal schöner!

Die ganze Stube schwamm in dem zarten, weichen Lichte der Kerzen, das aus dem Dunkel der grünen, benadelten Zweige hervorschien und geheimnisvolle Schatten unter der Zimmerdecke und an den Wänden bewegte.

„Oh, ich danke dir!" rief er seiner Mutter zu und fiel ihr um den Hals. An eine solche Überraschung hatte er wirklich nicht geglaubt. Er wußte zu gut, wie schwer es der Mutter wurde, nur das Notwendigste zu verdienen, und über die kindlichen Vorstellungen von tannenbaumtragenden Weihnachtsmännern und durch die Luft schwebenden Engeln war er längst hinaus. Früher hatte er einmal geglaubt, daß das Christkind nur darum nicht zu ihm komme, weil es die düstere, enge Winkelgasse nicht finden könne, die so versteckt lag, daß sie am Ende von einem Fremden schwer zu entdecken war. Aber jetzt wußte er längst, warum das Christkind die Häuser anderer Leute so viel leichter fand und warum alle guten Wünsche, Versprechungen und Bitten früher immer so wenig geholfen hatten.

Als die Lichter dann gelöscht waren, der Brummkreisel wiederholt seine Musik gemacht und das Märchenbuch gründlich besehen worden war, mahnte ihn die Mutter, jetzt zu Mentzels zu gehen, es sei höchste Zeit, wenn er noch rechtzeitig zur Feier dort ankommen wolle.

Mentzels beschäftigten Frau Hundertmark an jedem Sonnabend mit Reinemachen und alle drei Wochen des Dienstags mit Waschen. Frau Mentzel hatte Frau Hundertmark darum gebeten, ihr ihren Sohn am Weihnachtsmorgen zur Bescherung zu schicken.

Aber Piddl hatte Mund und Ohren aufgesperrt, als die Mutter es ihm mitgeteilt hatte.

„Ich allein?" hatte er gefragt. „Was soll ich denn da?"

„Geschenkt sollst du was haben. Paß mal auf!"

Aber er hatte nicht gewollt. Er hatte nur immer wieder den Kopf geschüttelt und auf alles Zureden gesagt:
„Nee, Mutter, nee, das tu ich nicht."
Zuletzt war aber die Mutter ernstlich böse geworden.
5 „Du gehst hin", hatte sie gesagt, „ich hab's versprochen und also –. Ganz artig bist du, verstanden? Wenn dir was geschenkt wird, gibst du erst Herrn Mentzel die Hand und dann Frau Mentzel und zuletzt der Mamsell auch, und dann kannst du schon bald wieder rausgehn. Das ist ja 'n
10 Augenblick, sag' ich dir! Frau Mentzel will's doch, und wenn du nicht kommst, – nee, nee, bloß das nicht. Ich hab' ihr versprochen, daß du kommen sollst, und also –!"
Weiteres Widerstreben hätte nicht geholfen. Die Mutter wollte es. ‚Also' – hatte sie gesagt, und wenn sie ‚also' ge-
15 sagt hatte, ließ sie nicht mehr mit sich handeln, das wußte Piddl ganz genau.
Trotzdem versuchte er es heute noch einmal vorsichtig, die Mutter zu überreden. Aber es half ihm nicht.
„Also Gravelottestraße 286", sagte die Mutter. „Du
20 kennst ja die Straße. Vergiß die Nummer nicht, Piddl! Und tritt nicht ins Wasser, wenn du über die Straße gehst, du machst sonst bei Mentzels das Haus schmutzig." –
O nein, er vergaß es schon nicht, obwohl er einen weiten Weg hatte und sich in Gedanken fortwährend wiederholte,
25 was er sagen sollte: „Ich dank auch schön, Frau Mentzel! Und ich danke auch schön, Herr Mentzel! Ich will's gewiß recht schonen!"
Alle Straßen waren noch erleuchtet, so dunkel war es. Aber von den Kirchtürmen hallten schon die Glocken.
30 Ganz deutlich hörte man die Domglocke heraus, die am lautesten brummte ...
Je näher er der Gravelottestraße kam, desto lauter klopfte ihm das Herz, und als er zuletzt die 286 am Hause sah, mit ihren schönen, blankgeputzten Messingziffern –
35 ging er vorüber und sah sich das Haus erst einmal ganz ver-

stohlen von der Seite an. Was für eine prächtige Treppe hinaufführte und wie vornehm die Fenster auf die Straße hinuntersahen! Bei der nächsten Straßenlaterne kehrte er wieder um. Es half ja doch alles nichts.

Herzklopfend stieg er die Treppe hinauf, und als er sich dann die Schuhe sauber gebürstet und geklingelt hatte, erschien das Dienstmädchen und fragte: „Na, was willst du denn?"

„Ich bin der Piddl Hundertmark", antwortete er, „und meine Mutter schickt mich her."

„Ach so", sagte das Dienstmädchen.

Sie ließ ihn auf dem Flur stehen und ging fort. Nach einigen Minuten kam Frau Mentzel selbst und sagte: „Komm herein, Kleiner. Also, du bist der Piddl? Die Bescherung ist gerade zu Ende. Aber der Baum brennt noch!"

Sie zog ihn in eine große Stube, und da stand Piddl nun und mochte die Augen kaum aufschlagen. Mitten in der Stube brannte ein strahlender Baum, der ihn mit seinem Glanze förmlich blendete. Unzählige Sachen baumelten daran, Glaskugeln, so groß wie kleine Luftballons, die auf dem Jahrmarkt verkauft wurden, und eine Fülle von Marzipankuchen und Zuckerwerk. Und dabei stand der Baum nicht still. Er drehte sich auf seinem Fuße langsam rundum, und ein mechanisches Spielwerk, das darin verborgen war, spielte ‚Stille Nacht, heilige Nacht' dazu.

Piddl sah von all diesen Herrlichkeiten so gut wie nichts. Er hatte nur das Gefühl, als sei alles um ihn plötzlich in gleißendes Licht getaucht. Und der weihnachtliche Duft, der das ganze Zimmer erfüllte, legte sich mit beklemmendem Druck auf ihn.

Plötzlich stand der Baum still, und die Musik schwieg, weil das Uhrwerk abgelaufen war. Nur ein paar Glaskugeln klapperten noch leise aneinander. Dann wurde es ganz ruhig im Zimmer. Scheu und verwundert sahen die beiden Kinder, die mit ihrem Spielzeug beschäftigt gewesen und nun durch Piddls Erscheinen gestört worden waren, auf ihn, der verlegen und scheu in der Stube stand.

„Wer ist das?" fragte ein Mädchen von neun Jahren.

„Das ist Frau Hundertmark ihr Sohn, weißt du, die Frau, die bei uns reinmacht!"

Piddl war ganz verlegen. Eigentlich sollte er ja fröhliche Weihnachten wünschen! Die Mutter hatte es ihm doch so eingeprägt. Aber er stand wie angewurzelt.

„Komm mal!" sagte da eine Stimme. Das mußte wohl Herr Mentzel sein? Herr Mentzel saß in einem Lehnstuhl und rauchte seine Morgenzigarre.

„Also Piddl heißt du?" fragte er.

Piddl nickte. „Ja", sagte er dann leise.

„Eigentlich bist du etwas zu spät gekommen. Das Christkind hat für dich –"

„Halt!" sagte Frau Mentzel, „so schnell geht's nicht! Erst muß er doch sein Gedicht aufsagen."

Aller Augen richteten sich wieder auf ihn. Aber er stand und würgte und brachte keine Silbe hervor . . .

„Welches kannst du denn?" fragte Frau Mentzel nach einer Pause.

„Ich kann keins!" stieß er da heraus.

„Er kann keins!" wiederholten die beiden Kinder verwundert.

„Sag du deins noch einmal auf", wandte sich Frau Mentzel an ihr Töchterchen.

Hell klang die Kinderstimme durch die Stube:

„Du lieber, heil'ger, frommer Christ,
Weil heute dein Geburtstag ist –
So ist auf Erden weit und breit
Bei allen Kindern frohe Zeit!"

O ja. Frohe Zeit. Besonders für ihn, für Piddl Hundertmark. Er stand und zog die Stirn kraus und sah finster vor sich nieder. Herr Mentzel machte der Sache ein Ende.

„Wenn er doch keins kann!" sagte er entschuldigend und

griff nach einer Kasperlfigur, die mit rotgetupften Backen, krummer Nase und langer Zipfelmütze wie ein Clown aussah.

Jetzt hätte er sich bedanken müssen, aber er tat es nicht. Er konnte es einfach nicht. Er stand steif wie ein Pfahl und rührte das Geschenk nicht an.

„Du mußt es schön schonen", hörte er Frau Mentzel sagen, „unsere Kinder haben den Kasper im vorigen Jahr zu Weihnachten bekommen und nicht zerbrochen. Und hier ist eine neue Mütze für dich", setzte sie hinzu, nahm ihm die seine ab und probierte sie ihm auf. Sie war Piddl etwas zu groß. Aber dafür konnte Frau Hundertmark hinter dem Lederrand Papier einlegen. Das sollte sich schon helfen.

„Und hier ist ein Paket für deine Mutter. Sag ihr, daß das Christkind es für sie gebracht hat, hörst du?"

Piddl war wie blind und taub.

„Wenn ich vorher gewußt hätte, wie trotzig er ist, hätte ich mir einen anderen ausgesucht!" erklärte Frau Mentzel leise ihrem Mann.

In Piddls Wangen schoß es glühendheiß auf. Es flimmerte ihm vor den Augen.

„Da muß man doch wirklich sagen, solche Leute erziehen ihre Kinder nicht. Nicht einmal ein ‚Danke!' kommt aus ihm heraus."

„Na", entgegnete Herr Mentzel ebenso leise, „schließlich ist es ja einerlei, Christine! Reg dich doch nicht auf! Wir haben unsere Pflicht getan, und im übrigen kann's uns ja egal sein."

„Adjö, Kleiner!" sagte er dann zu Piddl.

Da stand er nun draußen mit seinen Paketen. Er stolperte die Treppen hinab und schlug mechanisch den Weg nach Hause ein. Die Scham brannte ihm noch auf den Backen.

Zu Hause empfing ihn die Mutter voll Neugier und erwartungsvoller Freude, und während sie dann mit vorsichtigen Fingern die Verschnürung des Pakets zu lösen versuchte, fielen Piddls Blicke wieder auf das Kasperle, das ihn mit verkniffenen, boshaften Augen höhnisch anstarrte.

‚Ob wir beide uns vertragen werden?' schienen die Augen zu fragen. ‚Ich habe bereits ein Jahr mit ordentlichen Kindern gespielt, und ich weiß nicht, ob wir zusammenpassen werden.'

Piddl ergriff es plötzlich wie ein Krampf. Er nahm die Figur bei ihrem Kleid und schlug den Kopf mit einem einzigen Schlage an der Tischkante in Stücke, daß die lächelnde Fratze verzerrt von der Erde zu ihm aufsah, und während die Mutter mit einem: ‚Junge, was machst du denn?' dazwischenfuhr, hatte er auch die neue Mütze schon zwischen die Hände genommen und zerrissen, daß die graue Pappe aus dem aufgeplatzten Rande heraussah.

Dann brach er in wildes Weinen aus ...

—— 10 ——

Piddl hatte bisher immer gedacht, beim Meister Meyerdierks am Stintgraben in die Lehre gehen zu wollen, wenn er einmal die Schule verlassen hätte. Es war ja eine großartige Aussicht, später so viele Mohrenköpfe und Kuchen essen zu können, wie er wollte. – Aber mit der Zeit sah er ein, daß es Dinge gab, die über einen Bäckerladen hinausgingen.

Sein Weg führte ihn seit einiger Zeit täglich an einem der großen Hotels vorbei, die in der Nähe des Bahnhofs lagen. Das ganze Kellergeschoß des riesigen, vielfenstrigen Gebäudes nahm die Küche ein, von deren niedrigen Klappfenstern gewöhnlich einige offenstanden, die dann nur durch ein engmaschiges Drahtgewebe verwahrt waren und jedem Vorübergehenden einen Einblick gestatteten. Piddl konnte täglich einige Minuten lang ungestört in dieses unterirdische Reich hinunterschauen, das ihm wie ein Schlaraffenland erschien und dessen zauberisch lockende Düfte die ganze Straße füllten. So herrlich roch es nirgends wie hier. Piddl wußte selbst nicht, wonach es eigentlich roch – aber daß es etwas ganz Wunderbares und Herrliches sein mußte, was da unten in den großen Töpfen und auf dem Herde brodelte, in Pfannen briet und in Backöfen schmorte, war gewiß. Wie eine Zauberwelt voll unerhörter Genüsse wirkten die Gelasse dieses Kellergeschosses auf ihn. Er sah die Köche mit geröteten Gesichtern, in blitzweiße Anzüge und Schürzen gekleidet, hinter den großen Herden stehen und mit den Löffeln in geheimnisvollen Kochtöpfen rühren. Er sah sie Hasen spicken, Gänse braten, Torten mit Zuckerguß schmücken und leckere Schüsseln mit grünen Kräutern aufzieren. Das Wasser lief ihm im Mund zusammen, und er verließ seinen Platz nicht eher, als bis einer der Köche, ärgerlich über den ungebetenen Gaffer, der nicht wankte und wich, ein paar Eierschalen gegen das Drahtgitter des Fensters schleuderte oder aus einer Kuchenspritze heimtückisch einen Wasserstrahl auf ihn richtete.

Koch werden zu können, mußte herrlich sein! Die wunderbarsten Gerichte zubereiten zu können, von deren Geruch allein man schon selig wurde, und dabei noch von allem probieren zu dürfen, das war ein ganz herrlicher, ein wunderbarer Beruf. Wie konnte es angehen, daß nicht alle Menschen Köche werden wollten? Warum war der Anstreicher, der dort seinen Handwagen mit der langen Leiter darauf vor sich herschob, nicht lieber Koch geworden? Wo blieb da der Bäcker Meyerdierks mit seinen simplen Brötchen und Zuckerstangen? Die Backstube mit ihrem Geruch von frischem Brot, Hefe und Kuchenteig versank doch völlig gegen diese Zauberfülle von Düften und kostbaren Speisen!

Freilich, es dauerte gewiß viele Jahre, bis man ausgelernt hatte, und man wurde gewiß nicht gleich Koch oder Oberkoch, wie der Dicke, der da unten in der Hotelküche kommandierte und den Kochlöffel schwang. Erst wurde man Küchenjunge und mußte Schüsseln waschen, Hühner rupfen, Hasen abziehen und Fische entgräten. Immerhin, den köstlichen Geruch hatte man gleich vom ersten Tage an, und nichts konnte einem entgehen von dem Anblick all der Herrlichkeiten, die auf den silbernen Platten in die Gemächer da oben hinaufgetragen wurden, die so vornehm, ruhig und geheimnisvoll hinter ihren zartgeblümten Fenstervorhängen lagen.

„Nee", sagte Fritz Röhnholz, als Piddl ihn eines Tages vor das Küchenfenster geführt hatte, damit auch er einen Blick hinabwerfe in dieses unterirdische Zauberreich, „nee, da werd' ich lieber Kellner! Das ist was, sag' ich dir! Da brauchst du dich nicht schmutzig zu machen, kannst alle Tage in Frack und Lackstiefeln gehen und bekommst die schönen Speisen doch zu riechen, wenn du sie reinträgst in die Zimmer da oben, wo die vornehmen Gäste essen. Und Trinkgelder kriegst du, daß dir ganz schwindlig wird, sag' ich dir. Und wenn nicht gegessen wird, hast du rein nichts zu tun ..."

Aber Piddl ließ sich nicht irremachen. Koch zu sein, war ohne Frage schöner. Der Koch stellte die Speisen doch her und richtete sie an. Der Kellner war ja nur ein armseliger Bediener, aber der Koch war ein Künstler, einer, ohne den es nicht ging, und ohne den das feinste Hotel leer stand.

Was die Speisen wohl kosten mochten, die da unten schmorten?

Fritz nannte fabelhafte Summen. Gott, mußten das reiche Leute sein, die so etwas essen konnten!

Piddl wollte Koch werden, das war gewiß und sicher. –

Eines Abends teilte er Klara seinen Entschluß mit, gespannt, was sie sagen würde.

„Koch willst du werden?" fragte sie ungläubig und brach in ein Gelächter aus.

„Warum lachst du denn darüber?" fragte er verletzt.

„Kochen tun doch die Frauen", fuhr Klara lachend fort. „Das ist ja zu komisch. Wie kann ein Junge kochen lernen wollen!"

„Geh doch mal zum Hotel ‚Stadt Berlin' und guck durch eins der Küchenfenster in die Küche hinein, ja?" fuhr es verletzt aus ihm heraus. „Da kannst du die Köche sehen, zehn, zwanzig auf einmal! Und so einer will ich werden!"

„Sei doch nicht böse", sagte sie und lief ihm nach.

„Du brauchst nicht zu lachen, wenn ich das sage!" murrte er. „Du meinst, was du noch nicht gesehen hast, gibt es nicht. Aber Frauen kann man in den feinen Hotelküchen nicht zum Kochen brauchen. Die feinen Speisen, weißt du, dazu müssen Köche sein."

„Nee", entgegnete Klara nun ganz ernsthaft, „weißt du, ich hätte doch keine Lust dazu. Wenn ich groß bin, hat mein Vater gesagt, soll ich Putzmachen lernen. Ich hab' 'ne leichte Hand, sagt Vater, und die muß man haben, wenn man die feinen Blumen und Federn auf die Hüte setzt. In ein ganz großes Geschäft komme ich. Da stehn große Kästen mit Straußenfedern und künstlichen Blumen. Man kann nur immer aussuchen. Und dann kommen die feinen Damen und stellen sich vor den Spiegel und probieren die Hüte auf, einen nach dem andern."

„Na ja", sagte Piddl, halb versöhnt, „das mag ja auch ganz schön sein und für dich wohl passen."

Er nickte ihr gnädig zu und ging heim, ganz mit seinen Gedanken an die Zukunft beschäftigt, die ihn erwartete, wenn er erst im Hotel ‚Stadt Berlin' hinter dem Herd stand, in blitzweißes Leinen gekleidet und mit einer weißen Mütze auf dem Kopf.

„Mutter", sagte er, als er ins Zimmer trat, das die Dämmerung schon mit tiefen Schatten füllte, „ich will Koch werden."

„So? Wie hast du dir denn das gedacht?" fragte Frau

Hundertmark, in ihre Sorgen versunken, ohne von dem Strumpf aufzublicken, den sie bei dem schwindenden Tageslicht noch zu stopfen sich mühte.

„Ich werde erst Küchenjunge und dann Koch."

„Das ist ja ganz einfach."

„Nicht wahr?" fragte er glücklich. „Und dann bekommst du alle Tage Hasenbraten und Kompott und Rehbraten und was du willst ..."

„Wird das 'n Leben werden, Piddl!"

„Das sag' ich dir, Mutter!" lachte er und rieb sich die Hände vor Vergnügen und erwartungsvoller Freude. „Ich werd' doch nicht mein Leben lang für eine Mark die Woche bei Meyerdierks Brot austragen! Und Bäcker werden, ist auch nichts Rechtes. Da kann man die ganze Nacht in der Backstube stehen und kriegt keinen Schlaf. Otto ist des Morgens immer so müde, wenn ich hinkomme. Zum Umfallen, sagt er."

„Wer ist denn Otto?" fragte Frau Hundertmark, weniger aus Neugierde, als um etwas darauf zu sagen.

„Das ist doch der neue Geselle", entgegnete Piddl. „Ich habe dir doch schon von ihm erzählt! Weißt du, er hat mich neulich gefragt, ob ich bei ihm in die Lehre will, wenn er Meister ist. Er will nämlich selbst 'n Geschäft anfangen, und die Marie wird seine Frau."

„Woher weißt du denn das?"

„Das sagt er doch. Und ich hab's ihm beinahe zugesagt, aber morgen sag' ich ihm, daß ich nicht will, daß ich Koch werden will. Er weiß dann gleich Bescheid und rechnet nicht auf mich. Übrigens versteh ich schon was von der Bäckerei. Neulich morgens hab' ich die Brötchen backen helfen, als es noch zu früh zum Austragen war. Bäcker könnt' ich dreimal werden. Wär' eine Kleinigkeit. Aber Koch ist schwerer. Koch wird man nicht so leicht, und schöner ist es, das ist keine Frage. Fritz Röhnholz sagt, Kellner ist schöner. Aber ich danke. Nee, ich werd' lieber Koch. Sag mal, was ist Vater eigentlich gewesen?"

„Vater?" fragt Frau Hundertmark und schrickt aus ihren Sorgen auf. „Wie kommst du darauf?"

„Na, er muß doch was gewesen sein!"

„Darüber reden wir später mal, Piddl!"

„Sag mir's doch, Mutter. Immer sagst du, wenn ich von Vater anfange, später mal ..."

„Ja, siehste, Piddl, ich weiß selbst nicht, was er eigentlich war ... Er war wohl so reich, daß er gar nicht zu arbeiten brauchte ..."

Piddl war starr vor Verwunderung.

„Vater war reich? So reich wie die Leute an der Regentenstraße und wie die, die im Hotel ‚Stadt Berlin' wohnen?"

„Ja, so einer war er", sagte Frau Hundertmark und beugte sich tiefer über den Strumpf. „Gerade im Hotel ‚Stadt Berlin' hat er gewohnt, als er hier war."

„Warum hat er uns denn kein Geld hiergelassen, als er abreiste, wie du mir mal erzählt hast?"

„Er hat's wohl vergessen."

„Und er kommt nicht wieder?"

„Ich glaub's nicht, Piddl."

„Hm", machte er und dachte nach.

„Bist du denn damals auch bei ihm im Hotel ‚Stadt Berlin' gewesen?"

„Ich war da doch Zimmermädchen!" antwortete die Mutter mit klopfendem Herzen.

„Du bist da aus- und eingegangen? Bist in die Zimmer gekommen, wo die Reisenden essen und schlafen? Da muß es schön sein, im Hotel, Mutter."

„Das kann ich dir sagen, Piddl. Plüschvorhänge vor Türen und Fenstern und Polstermöbel und vergoldeter Schmuck an den Zimmerdecken ... Aber nun geh auch zu Bett."

„Goldener Schmuck an den Decken? Oh, ich weiß! Ich bin auch einmal in einem Zimmer gewesen, wo Vögel mit langen, goldenen Flügeln unter die Decken gemalt waren. Ich hab' mal in einem solchen Hause gewohnt, Mutter!"

„Das hast du geträumt, Piddl."

„Nein, gewiß nicht, das war, eh ich hierher kam ... eh ich geboren war, weißt du. Ich hab' es neulich schon mal Klara Dinghammer erzählt, aber die lachte mich aus. Unser Haus stand in einem Land, wo es anders war wie hier ... ganz anders ... Vor unserem Haus war ein Wasser. Und Schiffe fuhren vorbei mit weißen Segeln. Ich weiß noch alles so deutlich. Aber in unserem Haus war es noch schöner. An den Decken waren goldene Vögel und Blumen ... Aber es ist weit von hier weg. Wir können nicht hin. Das würd' eine Reise werden ..."

„Geh ins Bett, Piddl. Morgen früh ist die Nacht vorbei, und dann wartet wieder der Tragkorb auf dich."

Piddl seufzte.

„Morgens bin ich ja noch immer so müde, wenn du mich weckst. Aber das Laufen mit dem Bäckerkorb wird ja auch mal'n Ende nehmen. Laß mich nur erst Koch sein, Mutter, da sollst du mal sehen!"

„Aber ins Hotel ‚Stadt Berlin' gehst du nicht, Piddl!"

„Warum nicht?" fragte er verwundert und hielt im Auskleiden inne.

Aber darauf bekam er keine Antwort.

11

Pfingsten! Morgen war Pfingsten, und heute hatte es Schulferien gegeben.

Beim Bäcker Meyerdierks am Stintgraben hatte den ganzen Tag die Ladentür nicht stillgestanden, und Piddl hatte wieder genug zu laufen gehabt, alle die Feststollen, die warm und duftend auf den Platten lagen, in die Häuser der Kunden zu bringen. Auf dem Kopf hatte er sie diesmal getragen, wie ein richtiger Bäckerjunge mit solchen Sachen umzugehen pflegt. Und fünfunddreißig Pfennige hatte er an besonderen Belohnungen eingenommen. Fünfunddreißig Pfennige! Das war keine Kleinigkeit. Einmal hatte es sogar zehn Pfennige gelohnt, weil der Stollen ganz besonders schwer gewesen war, und fünfmal fünf Pfennige.

Ja, es ging aufwärts mit dem Verdienst, das war keine Frage. Außerdem hatte er heute seinen Wochenlohn bekommen und, weil's Pfingsten war, ein Stück von einem der Butterkuchen, die der Meister gebacken hatte.

Es war spät geworden, als er endlich wieder in die Winkelgasse einbog.

Ob Klara Dinghammer morgen wirklich einen Pfingstausflug machte, wie sie ihm erzählt hatte neulich abends? Ihr Rosafarbiges wollte sie anziehen, und wenn es einzurichten war, wollte sie ihm eine Ansichtskarte schreiben unterwegs. Ein großer Omnibus war bestellt, und es fuhren eine Menge Leute mit, die sie einzeln aufgezählt hatte. Aber Piddl kannte sie nicht und hatte auch die Namen längst wieder vergessen. Das war ja auch gleichgültig. Jedenfalls wollte er aber aufpassen, wenn der Wagen morgen früh vorfuhr bei Dinghammers. Er wollte Klara doch einsteigen sehen. Vielleicht winkte sie ihm heimlich zu, ehe sie einstieg. Grüne Büsche würden den Wagen schmücken, sogar die Pferde würden Maiensträußchen am Geschirr tragen. Zwei Pferde würden vor den Wagen gespannt sein, und unter dem Verdeck heraus sollten rot und grau gestreifte Gardinen im Winde flattern ...

In der Stube war es dunkel, und seine Mutter war nicht da. Aber nebenan hörte er Stimmen. Eine fremde Frau schien da zu sprechen. Ob Fräulein Horn, die nebenan wohnte, noch so spät Besuch hatte? Aber nun vernahm er auch plötzlich die Stimme seiner Mutter. Er hörte es deutlich am Klang, aber verstehen konnte er nicht recht, was gesprochen wurde, denn wenn auch nur eine verschlossene Tür die beiden Zimmer trennte, hatte Fräulein Horn doch in dem ihren einen Kleiderschrank vor die Tür geschoben, und der dämpfte Geräusche und Stimmen beträchtlich.

Müde setzte Piddl sich hin. Die Mutter würde gewiß gleich herüberkommen.

Morgen würde Pfingsten sein, ja. Im vorigen Jahre hatte er mit seiner Schulklasse einen Pfingstausflug gemacht. Blätterschmuck und Blütenpracht lagen ihm noch heute im Sinn, wenn er daran dachte, so schön war es gewesen.

Ein langgezogenes, klagendes Stöhnen drang da plötzlich aus der Stube nebenan an sein Ohr.

Was war das? War Fräulein Horn plötzlich krank geworden und darum seine Mutter zu ihr hinübergegangen? Nur Fräulein Horn konnte so gestöhnt haben. Und nun wieder! ... Wie weh und jammernd das klang! Noch niemals glaubte Piddl solche Schmerzenslaute gehört zu haben. Vor Angst und einem unbestimmten Entsetzen begannen ihm die Zähne im Munde zu klappern, und seine Augen richteten sich groß und fragend in das Dunkel, das die Stube füllte.

Wie eine Erlösung klang dann wieder die Stimme seiner Mutter, tröstend, sanft und ruhig ...

Einige Minuten später trat seine Mutter zu ihm ins Zimmer. Sie habe nur nachsehen wollen, ob er schon da sei. Ja, Fräulein Horn sei krank, und diese Nacht müsse bei ihr gewacht werden. Er solle nur zu Bett gehen und schlafen, wenn er gegessen habe. Sie stellte ihm sein Abendbrot zurecht und verließ das Zimmer wieder.

Eigentlich hatte sie sich nicht so gefreut, wie er erwartet hatte, weder über die fünfunddreißig Pfennige noch über den halben Butterkuchen, den er mitgebracht hatte.

Gedrückt saß er da und begann zu essen. Aber es wollte ihm nicht so schmecken wie sonst. Das Stöhnen da drüben hörte nicht auf. Es schien vielmehr schlimmer und schlimmer zu werden.

Verstört kroch er ins Bett und zog die Decke hoch. Ein brennendes Mitleid stieg in seinem kindlichen Herzen auf.

Er kannte Fräulein Horn seit langem. Sie hatte schon seit ungefähr einem Jahr nebenan gewohnt. Des Tages über ging sie aus zu schneidern bei feinen Leuten. Nur in der letzten Zeit war sie viel zu Hause gewesen und nur selten aus ihrer Stube herausgekommen.

Was ihr wohl fehlen mochte? Deutlich hörte er sie wieder wimmern. Angespannt horchte er noch eine Zeitlang hinüber, schlief dann aber doch endlich vor Übermüdung ein.

Ein maiengeschmückter Pfingstwagen fuhr durch seinen Traum, mit flatternden Gardinen und trabenden Pferden, die ihre Mähnen schüttelten. Und der Kutscher klatschte mit der Peitsche, und Klara saß auf dem Wagen und schwenkte ein weißes Tuch.

Dann sah er sich wieder mit riesigen Kuchen durch die Straßen gehen. Er hatte sich ein Taschentuch unter die Mütze gestopft, damit die harte Platte, auf der er die Kuchen trug, nicht so drücken sollte. Aber zuletzt wurde es doch unerträglich. Er glaubte umsinken zu müssen mit seiner Last. Er wankte und geriet ins Stolpern, und die schönen sauberen Butterkuchen fielen auf die Straße und brachen in Stücke.

Mit einer wilden Handbewegung, als müsse er die gleitenden Kuchen zu halten versuchen, fuhr er aus dem Schlaf auf. Er öffnete die Augen und sah, daß Licht im Zimmer war. Seine Mutter stand mit einer brennenden Küchenlampe vor seinem Bett.

„Schnell, Piddl! Aufstehen! Du mußt mal eben schnell zum Doktor laufen! Fräulein Horn ist sehr krank geworden. Doktor Wiegand in der Besigheimer Straße, weißt du doch? Dahin kommst du am schnellsten, und diesen Zettel gibst du ab, wenn geöffnet wird. Bei der Tür ist die Klingel!"

Seine Schlaftrunkenheit war plötzlich wie weggeblasen. Im Nu sprang er auf und kleidete sich an.

„Ist's schlimm?" fragte er und merkte, wie ihm die Zähne im Munde klapperten vor Aufregung.

„Schnell mußt du sein", sagte die Mutter, „das ist alles!"

Nach wenigen Minuten war er schon unterwegs. Sonderbar, wie still die Gasse dalag. Die Häuser standen so fremd und tot in dem grauen Lichte des Morgens. Die geschlossenen Vorhänge gaben den Fenstern etwas Eigenes. Bei Dinghammers war ein Vorhang schon in die Höhe gezogen und hing nun schief vor dem Fenster. Ob Klara schon vor Ungeduld so früh aufgestanden war? Im Trab durcheilte er die Gassen. Als er in die Besigheimer Straße einbog, sah er die ersten Ausflügler schon in den Pfingstmorgen hinausziehen.

Der elektrische Druckknopf am Haus des Arztes saß recht hoch. Er mußte sich auf die äußerste Zehenspitze stellen, um ihn zu erreichen. Deutlich hörte er drinnen die Klingel läuten, aber es kam niemand. Er klingelte zum zweiten und dritten Male.

Endlich wurde geöffnet. Ein Dienstmädchen steckte verschlafen den Kopf zur Türe heraus.

Ob der Herr Doktor zu sprechen sei.

Nein, der Herr Doktor schlafe.

Er habe einen Brief, und Fräulein Horn wolle sterben.

Das Mädchen nahm den Zettel mit mürrischer Miene und verschwand damit.

Piddl schien eine endlose Zeit zu vergehen. Er trat vor Ungeduld von einem Fuß auf den anderen und fieberte vor Aufregung und Ungeduld.

Endlich kam das Mädchen mit dem Bescheid, daß der Doktor in einer Viertelstunde kommen werde. Wie ein Windhund rannte Piddl den Weg zurück.

Mit keuchenden Lungen kam er heim. Die Mutter erwartete ihn schon vor dem Eingang.

„Gott sei Dank", sagte sie, als er seine Bestellung gemacht hatte. Dann schickte sie ihn wieder ins Zimmer. Aber schlafen konnte er nun nicht mehr. Er kauerte sich in eine Ecke und horchte angstvoll auf das, was nebenan vorging.

Deutlich hörte er, wie der Arzt kam. Der sprach lauter als die Frauen. Warum man nicht eher geschickt habe! Die Stimme klang rauh und unfreundlich. Es sei die allerhöchste Zeit.

Dann hörte er seine Mutter das Zimmer verlassen und in die Küche gehen, die am Ende des Flurs lag. Er steckte den Kopf zur Türe hinaus und flüsterte „Mutter ..."

„Geh rein, Piddl!" sagte seine Mutter ruhig, aber bestimmt, und er gehorchte mit klopfendem, angsterfülltem Herzen.

„Wie alt sind Sie denn?" fragte der Arzt nebenan.

„Neunzehn Jahre? Na, hören Sie mal, bei Ihrer Konstitution aber auch ein bodenloser Leichtsinn, so etwas."

Was dann folgte, konnte Piddl nicht verstehen. Er horchte angstvoll gespannt.

„Nein, nein", klang da wieder die Stimme des Arztes. „Ich glaube, es ist jetzt hell genug draußen, daß Sie die Lampe löschen können. Bei Lampenlicht tu ich es nicht gern."

Piddl hörte, wie der Fenstervorhang aufgezogen wurde.

„Sie wollen dableiben, Frau Hundertmark?"

Piddl verstand nicht recht, was seine Mutter antwortete.

„Aber wenn Sie sich schlecht fühlen, gehen Sie lieber, sonst habe ich nachher zwei Patientinnen statt einer."

Dann wurde wieder leise gesprochen.

„Sie müssen zählen, Fräulein Horn", hörte er dann wieder den Arzt mit lauter Stimme: „Sie vergessen ja das Zählen immer wieder."

„Siebzehn – achtzehn – neunzehn – einundzwanzig – siebenundzwanzig – vierunddreißig –" hörte Piddl Fräulein Horn mit leiser Stimme zählen.

‚Sonderbar', dachte er, ‚so zählt doch niemand?'

Dann wurde es still, ganz still. –

Draußen fuhr ein Wagen vorbei. Piddl horchte eine Zeitlang auf die rollenden Räder, zog leise den Vorhang auf und schaute auf die Straße. Der Krämer Winkelmann gegenüber war bereits aufgestanden. Er stand in Hemdsärmeln vor seiner Ladentür und schaute nach dem Wetter.

Der feierte auch Pfingsten heute ... Pfingsten! Alle Leute feierten Pfingsten heute. Ein richtiges Freudenfest sei es, hatte der Lehrer in der Schule gesagt.

In dem Augenblick drang von nebenan in das Ohr des Jungen ein Schrei, der ihn entsetzt von seinem Stuhl aufspringen ließ, ein Schrei, markerschütternd, der ihn in wilder Angst nach der Tür hinüberschauen ließ.

Kläglich begann er in sich hineinzuweinen.

Was machte der Arzt nur da drüben mit der Kranken? Gewiß mußte sie sterben. So konnte nur jemand schreien, der den Tod vor Augen sah.

Und dann erklang plötzlich ein wimmerndes, leises Weinen, mit feiner dünner Stimme ... Und nun wurden auch wieder Stimmen laut.

„Ein Mädchen ist es", hörte er seine Mutter sagen. „Na, Gott sei Dank, daß es da ist!"

Piddl war wie erstarrt. Also ein Kind war geboren worden da drüben?

Ihm wurde schwindlig. Er hatte das Gefühl, bei etwas Heimlichem zugegen gewesen zu sein, bei dem er nicht hätte sein dürfen.

Scheu wie ein Verbrecher schlich er zu seinem Bett. Hastig warf er die Kleider vom Leib und schlüpfte hinein. Hoch zog er die Decke über Augen und Ohren.

Also so war es! Der Arzt mußte kommen, und so viele Schmerzen mußten dabei ausgestanden werden? Da hatte Karl Kniebel doch recht gehabt, der ihm einmal auf dem Schulwege davon erzählte.

Er hatte sich bisher eigentlich wenig Gedanken darüber gemacht. Daß es kleine Kinder auf der Welt gab, war eine Tatsache, die er hingenommen hatte wie die, daß des Tages die Sonne schien. Das war nun mal so in der Welt.

Aber daß es so war, so entsetzlich und grauenvoll und auf Leben und Tod ging dazu – das hatte er nicht gewußt.

Noch immer schrie das Neugeborene nebenan, kläglich und wimmernd.

Er wollte es nicht hören. Er stopfte sich die Finger in die Ohren, um es nicht mehr zu hören. Es wußte ja kein Mensch, daß er gehört hatte, was er ganz gewiß nicht hatte hören sollen ...

Je länger er darüber nachdachte, desto rätselhafter wurde das alles.

Warum die Schmerzen und die Krankheit vorher, und warum war der Arzt nötig, und warum bekam gerade Fräulein Horn ein Kind und ...

Ihm wirbelte der Kopf, und das Blut brauste ihm in den Ohren.

Als seine Mutter nach einer Stunde wieder ins Zimmer trat, stellte er sich, als wenn er schliefe. Er hätte ihr jetzt nicht ins Auge sehen können.

Leise kleidete sie sich aus und streckte sich neben ihm aus. Nach zwei Minuten schon schlief sie fest und ruhig.

Im Hause war es still geworden. Auch das Kind schrie nicht mehr.

Da rollte draußen ein Wagen heran und hielt ein paar Häuser weiter mit scharfem Ruck. Das mußte der Wagen sein, der Klara in den Pfingstmorgen hineinfuhr, der jetzt mit strahlendem Sonnenschein über den Gassen lag. Der Kutscher knallte einladend mit der Peitsche.

Nein, er wollte nicht ans Fenster gehen. Es war ihm auch gleichgültig, ob Klara böse darüber wurde, wenn er nicht zusah, wie sie einstieg. Es war ihm nichts daran gelegen, daß sie ihm zuwinkte ...

—— 12 ——

Plötzlich, wie ein unvermuteter Windstoß eine Tür aufwirft, durch die wir noch niemals geschritten sind, hatte sich das Geheimnis der Menschwerdung vor Piddl aufgetan und sein Herz bis ins tiefste erschüttert.

Mit jemand über das, was er erlebt hatte, zu sprechen, scheute Piddl sich. Auch seiner Mutter sagte er kein Wort von dem, was ihn heimlich bewegte und in allerhand Grübeleien stürzte, obwohl da noch so vieles war, was dunkel und rätselhaft blieb und Fragen über Fragen sich in ihm erhoben. Aber das dunkle Gefühl, daß es sich dabei um Dinge handle, über die man nicht sprach, verschloß ihm den Mund.

Es war im Juni, in einer jener hellen Nächte, in denen ein Abglanz des Sonnenlichts noch um Mitternacht auf allen Dingen zu liegen scheint. Es wird niemals ganz dunkel in diesen Nächten. Es ist, als könnten die Dinge das strahlende Licht der sonnenheißen Tage nicht so bald vergessen.

In einer dieser Nächte verlor Piddl das einzige, was er auf der Erde besaß – seine Mutter.

Es war ganz plötzlich gekommen. Aber vielleicht schien es nur so, und die Krankheit, die so schnell und mit solch jäher Gewalt zum Ausbruch gekommen war, hatte sich längst im stillen vorbereitet.

Frau Hundertmark war eines Tages schon am frühen Nachmittag von der Arbeit heimgekommen. Das war noch nie geschehen, solange Piddl denken konnte. Bestürzt hatte er sie angesehen, als sie unvermutet in die Stube getreten war und sich gleich zu Bett gelegt hatte.

„Mutter", hatte er gefragt, „Mutter, was fehlt dir?" hatte ihre fieberheiße Hand ergriffen und ihr in die müden Augen gesehen, die einen solch seltsamen, veränderten Ausdruck angenommen hatten.

Sie hatte ihn gebeten, still und ruhig zu bleiben. Es sei nicht so schlimm, und morgen werde vielleicht alles schon wieder besser sein.

Daß er den Nachmittag nicht zu seiner Ausgehstelle ging, hatte sie nicht leiden wollen und ihn zur gewohnten Zeit fortgeschickt.

Abends war er heimgekommen, und da war die Krankheit schon so weit fortgeschritten, daß ihn seine Mutter nicht mehr erkannte.

Frau Dinghammer hatte bereits den Kassenarzt benachrichtigt. Der hatte die Kranke aufmerksam und schweigend untersucht und entschieden, daß sie sofort ins Krankenhaus gebracht werden müsse.

Der Arzt selbst hatte nach einem Krankenwagen telephoniert, und kaum eine Viertelstunde später rollte schon der Wagen auf seinen Gummirädern geräuschlos in die enge Winkelgasse vor das Haus.

Vorsichtig betteten die Wärter die Kranke auf die Bahre und trugen sie hinaus. Auf der engen Treppe, die von der Wohnung auf die Straße führte, hatte man Schwierigkeiten hinauszukommen, ohne die Kranke in unbequeme Lagen zu bringen. Aber nach wenigen Minuten war alles erledigt. Die Tür des Wagens wurde leise zugeklappt, das Pferd zog an, und geräuschlos rollte der Wagen wieder zur Gasse hinaus.

Was hier geschah, hatte die Aufmerksamkeit der ganzen Nachbarschaft auf sich gezogen. Vor allen Türen standen die Frauen in Gruppen zusammen, um das Ereignis aufgeregt zu besprechen. –

Piddl hatte es nicht vermocht, mit auf die Straße zu treten, als man seine Mutter hinausgetragen hatte. Wie erstarrt hatte er dagestanden, und erst, als das Zimmer leer gewesen und auch die Nachbarin mit der Lampe hinausgegangen war, um den Wärtern über den Flur zu leuchten, brach in dem Dunkel und der Leere, die ihn plötzlich umgaben, der Schmerz aus ihm hervor, wie das Blut aus einer Wunde, die man durch krampfhaften Druck bisher geschlossen gehalten hat.

Die Sorge um die Kranke hatte alle in Anspruch genommen, und er hatte dagestanden, wie an die Seite geschoben, stumm und versteint, und hatte kaum zu atmen gewagt.

Nun aber brach er in ein Weinen aus, das seinen ganzen Körper erschütterte.

„Mutter! Mutter!" schrie er in die Dunkelheit der Stube

hinein, und die ganze Verzweiflung seines kindlichen Herzens lag in diesem Ruf.

„Aber Piddl!" hörte er da eine Stimme sagen. Es war Frau Dinghammer, die die Lampe zurückbrachte und nun neben ihm stand und ihm über den Scheitel strich. „Na Piddl, wat is? Din Mudder is krank – dat is wiß, over se schall doch woller beeter warn int Krankenhuus. Schaß mal sehn, morgen giebt ehr dat all veel beeter! – Paar Dag later kannst hengahn un se besöken. Ick glöv, denn lacht se woller. Dat töf man af, min Jung."

„Glauben Sie nicht, daß Mutter –?"

„Och wat, dat draf se nich, se ward doch ehrn Piddl nich alleen laten. Glöv dat doch blots nich!"

„Dann hätte sie doch nicht ins Krankenhaus brauchen", beharrte Piddl. „Der Doktor hat doch gleich gesagt, daß sie weg muß ins Krankenhaus!"

„Ja", meinte Frau Dinghammer, „dat gifft Krankheiten, de ward int Krankenhuus gau utkuriert, de Süstern verstaht to trösten. Mußt di nich um opreegen, Piddl. Nun wisch de Tranens man af und blief en paar Dag bi uns, mußt doch to eeten hebbn."

Aber das wollte Piddl nicht.

„Du mußt doch 'n Stück Butterbrot eten, Junge!" redete ihm die Schustersfrau zu.

Aber er wollte nicht, und alle gutgemeinten Vorschläge, ihn aus dem Hause zu bringen, scheiterten an seinem Starrsinn. Zuletzt gab es Frau Dinghammer auf und ließ ihn allein.

Er riegelte hinter ihr die Stubentür zu, löschte die Lampe und setzte sich in seine Ecke. Zu Bett gehen wollte er nicht. Auf keinen Fall. Nachher, wenn alles still geworden war in der Gasse, wollte er noch einmal nach dem Krankenhaus laufen. Vielleicht, daß er noch etwas hörte, wie es seiner Mutter ging. Hineingehen würde er ja so spät am Abend nicht mehr können, aber vielleicht wußte der Portier etwas, der die Nachtwache hatte. Aber es sollte erst still werden draußen auf der Straße, damit ihn keiner fortgehen sah, und das konnte noch 'ne Weile dauern. In der warmen Sommernacht gingen die Leute nicht so früh zu Bett.

Er saß ganz mucksstill im Dunkel und grübelte.

Der kleine Wecker in seinem vernickelten Gehäuse tickte gleichmütig auf der Kommode, die neben dem Kopfende des Bettes stand, das noch warm war von dem fieberheißen Körper, der darin gelegen hatte.

Im Dunkel sah er das Gesicht seiner Mutter wieder vor sich, wie sie ohne Besinnung dagelegen hatte und hinausgetragen worden war, ohne einen Gruß für ihn, ohne einen Wink ihrer Hand, ohne ein Lächeln oder einen Blick für ihn.

Wenn sie nur wieder besser wurde, war ja alles nicht schlimm. Daß für ihn eine Zeit der Entbehrungen kommen könnte, fiel ihm gar nicht einmal ein. Er war das Alleinsein gewohnt, und darüber, wie er sich in der nächsten Zeit durchschlagen werde, machte er sich keine Gedanken. Seine einzige Sorge galt der Mutter, die vielleicht gerade jetzt in einen der großen Säle im Krankenhause hinaufgetragen und in eins der Betten gelegt wurde, die dort standen. Er hatte vor Jahren einmal eine Besorgung dorthin gehabt und einen scheuen Blick in einen der Säle werfen können, dessen Tür gerade offengestanden hatte. Im Zimmer lag das Halbdunkel der Sommernacht. Die Gaslaterne auf der anderen Seite der Straße warf ihren hellen Schein durch das niedrige Fenster.

Plötzlich wurde es dunkler im Zimmer. Scharf zeichnete sich vom Fenster her der Schatten einer Gestalt auf dem Fußboden ab. Piddl blickte auf und erkannte Klara Dinghammer, die die Stirne an eine Scheibe preßte und sich bemühte, ins Zimmer zu spähen.

Leise klopfte sie mit dem Fingerknöchel an die Scheibe.

„Piddl", rief sie halblaut, „bist du drinnen?"

Er fühlte, daß sie gekommen war, ihn zu trösten, und ihre Teilnahme weckte seinen Kummer von neuem. Er wollte sich nicht verraten und saß still, ohne eine Antwort zu geben.

Da huschte sie vom Fenster weg, die Kellertreppe herab, tappte über den dunklen Flur und drückte die Klinke zur Stubentür nieder.

Drinnen rührte sich nichts.

„Piddl", rief sie, „bist du drinnen?"

Keine Antwort.

„Bist du schon zu Bett gegangen?"

„Nein", antwortete Piddl, der mit den Tränen kämpfend in seinem Stuhl saß. „Was willst du?"

„Schließ doch mal auf", rief sie bittend.

„Warum?" fragte er zurück, mühselig schluckend, um das Zittern seiner Stimme nicht merken zu lassen.

„Ich muß dir was sagen!"

Piddl öffnete, und Klara trat ein.

„Was willst du mir sagen?" fragte er.

„Ach, Piddl", flüsterte sie, „ich will dir nur sagen, daß – daß –" aber ihr gingen die Worte aus, und sie begann zu weinen, laut und jammernd, als habe man sie geschlagen.

„Sei doch still!" sagte Piddl ärgerlich und war doch selbst kaum imstande, die Tränen zurückzuhalten.

„Meinst du, daß es schlimm ist?" flüsterte Klara.

„Ich weiß es nicht."

Dann standen sie beide im Dunkel, ohne ein Wort zu sprechen.

„Du solltest zu uns rüberkommen", begann Klara wieder.

„Nein", sagte Piddl, „laß mich hier. Es ist mir lieber, und ich mag's auch nicht. Dein Vater –"

„Der Vater – ja", sagte Klara leise. „Aber er wird nicht böse sein, wenn ich's ihm sage!"

Aber Piddl wollte nichts davon wissen.

„Laß das", sagte er, „ich tu's doch nicht."
Bedrückt schwieg Klara eine Weile.
„Wein bloß nicht mehr, hörst du? Ich kann nicht schlafen, wenn du hier allein bist und weinst."
„Ich weine ja gar nicht", antwortete Piddl und wischte sich die Augen.
„Gewiß nicht?"
„Nein! Das siehst du doch!"
„Gute Nacht!" flüsterte sie.
„Gute Nacht, Klara!"
Sie huschte hinaus, und Piddl blieb wieder allein.
Nach einer Stunde, als es still geworden war in der Gasse, stieg er vorsichtig durch das Fenster auf die Gasse hinaus, drückte es hinter sich leise wieder in den Rahmen und lief die Straße hinunter, immer in Sorge, daß ihn jemand von den Nachbarn gewahr werde und anriefe.
Aber nach wenigen Sekunden war er bereits in die erste Nebengasse eingebogen, und nun trabte er ohne Sorge weiter.
Als er zum Krankenhause kam, war dort alles still und dunkel. Hinter den Bäumen des großen Gartens, der das Haus von allen Seiten weich umschloß, lag nun hinter irgendeinem der dunklen Fenster seine Mutter.
Herzklopfend stand Piddl still und musterte das Torwächterhäuschen neben der großen Einfahrt, in dem noch Licht war.
An einer der Säulen, zwischen denen hohe, eiserne Türen in ihren Angeln hingen, befand sich ein elektrischer Druckknopf.
Sollte er den Wärter herausklingeln?
Unruhig ging er hin und her und spähte und lauschte.
Alles blieb still. Leise ging der schwüle Wind durch die Büsche hinter dem eisernen Staket, das den ganzen Garten umschloß und dessen hohe Eisenstangen wie Lanzen in die Höhe starrten.

Von einer Stelle der Straße aus konnte er sehen, daß das Portal des Krankenhauses noch erhellt war. Es war also doch jemand dort wach und konnte ihm vielleicht Auskunft geben.

Vielleicht würde ihn der Wärter gar nicht einlassen, wenn er klingelte. Er würde ihn gewiß auf die Besuchszeit verweisen, die zweimal in der Woche war.

Aber versuchen wollte er es. Vielleicht, daß der Wärter selbst etwas wußte.

Herzklopfend drückte er auf den elektrischen Knopf und hörte deutlich, wie im Hause des Torwärters die Glocke trillerte.

Nach wenigen Augenblicken erschien ein Mann mit einer Uniformmütze. „Was ist los?" fragte er verwundert, als er den Jungen vor dem Staket stehen sah. „Hast du eben geläutet?"

„Ja", antwortete Piddl. „Ich wollte – ich wollte bloß mal fragen, wie es meiner Mutter geht. Sie ist vorhin – um neun – hierhergebracht worden."

„Aber Junge", sagte der Wärter, „wie kann ich das wissen? Da mußt du schon morgen früh wiederkommen, wenn die Anstalt geöffnet ist! Jetzt geht das nicht. Es ist ja nach elf Uhr. Morgen früh um acht schließe ich das Tor auf, dann kannst du frei durchgehen und drüben im Hause bei den Schwestern nachfragen, verstehst du?"

Ach ja, er verstand es ganz gut. Nur wurde er jetzt um nichts ruhiger dadurch, und die Nacht war noch lang. Er nahm seinen ganzen Mut zusammen und stotterte: „Könnten Sie nicht einmal für mich nachfragen?"

„Nee, ist nicht zu machen", erwiderte der Wärter, zuckte mit den Schultern und ging in sein Häuschen zurück.

Aufseufzend wendete sich Piddl um und entfernte sich mit zögernden Schritten. Er setzte sich in der Nähe in den Anlagen, die dem Krankenhaus gegenüberlagen, auf eine Bank. Es war nichts, das ihn hätte nach Hause treiben kön-

nen. Die Nacht war warm und still, und die letzten Syringen drüben hinter den eisernen Stangen des Krankenhausgartens dufteten durchdringend. Noch stärker aber war der Duft der Holunderbüsche, die ihre Blütenschirme wie ausgebreitete Hände in die Luft streckten.

Leise begann der Nachtwind seine Melodie in den hohen Kronen der Bäume. Über dem Dach des Krankenhauses stand der Mond wie eine große ruhige Lampe, mild und still, als habe er den Schmerz der Kranken, die dort drüben in den hohen, stillen Sälen lagen, gesehen und strahle nun Ruhe und Zuversicht zu ihnen hinein.

Piddl sah den Blick des Mondes auf sich gerichtet und schaute hinein voll klopfender Unruhe.

Aber immer ruhiger wurde es in ihm und um ihn. Allmählich begannen die Dinge vor seinen Augen zu verschwimmen, und langsam schlossen sich seine Lider.

Im Traum sah er sich zu Hause am Tisch sitzen. Seine Mutter saß ihm gegenüber und hielt ihre Augen mit einem Tuch bedeckt.

„Mutter, was ist dir?" fragte er.

Aber sie antwortete ihm nicht, sondern schüttelte nur stumm und traurig den Kopf.

Schmeichelnd lehnte er sich an sie, faßte nach ihren Händen und zog ihr endlich das Tuch von den Augen fort.

Da sah er, daß sie keine Augen mehr besaß. Wo sie gesessen hatten, waren zwei große blutige Höhlen, daß ihm das Herz im Leibe gefror und er mit einem Schrei das Tuch losließ.

Da bat sie ihn, das Tuch in frisches Wasser zu tauchen, um die Wunden zu kühlen. Und er lief hinaus, holte Wasser in einer Schüssel und kühlte das heiße, blutige Tuch, wenn sie es von den Augen nahm.

Vor Entsetzen schlugen ihm die Zähne aufeinander, die Knie zitterten, und er fühlte, wie seine Hände kalt waren wie Eis.

„Mutter, liebe Mutter!" rief er und konnte doch nichts anderes tun, als das Tuch mit Wasser netzen und dem Stöhnen zu lauschen, das von Zeit zu Zeit leise aus ihrem Mund kam.

Als er aus seinem Traum erwachte, waren ihm die Glieder wie gelähmt. Es fröstelte ihn, und er konnte sich nicht besinnen, wo er war.

Die Sonne war bereits aufgegangen, und in den Bäumen über ihm pfiff eine Drossel laut durch die Morgenstille. Verwirrt sprang er auf und sah nach der Uhr.

Es war bereits ein Viertel nach vier.

Um fünf trat er bei Meyerdierks an. Wenn er jetzt fortging, kam er also gerade recht. Um acht würde er wieder zur Stelle sein. Die Schule würde er heute wohl versäumen müssen.

Die Glieder schlotterten ihm vor Kälte in der frischen Morgenluft, und er begann zu laufen, um wieder warm zu werden. Bei Meyerdierks war die Ladentür schon geöffnet, als er hinkam.

„Du kommst ja heute mächtig früh", sagte der Meister, der die erste Platte frischer Brötchen in den Laden getragen hatte und nun mit aufgekrempelten Ärmeln in der

Haustüre stand, um einen Augenblick die frische Morgenluft zu genießen.

Piddl ging schweigend hinter ihm drein über den Flur in die Bäckerei, wo der Geselle am Backofen stand und mit der Schaufel die Platten aus dem heißen Ofen holte.

Es dauerte noch eine Weile, bis sein Korb gepackt war, und er konnte in Ruhe einen Schluck Kaffee trinken und ein paar frische Brötchen essen, die noch warm waren von der Ofenhitze.

„Junge, was hast du für 'ne Käsefarbe?" sagte der Meister und blickte ihm ins Gesicht. „Fehlt dir was?"

Piddl verneinte und freute sich, als er mit seinem Korb abziehen konnte und so vor weiteren Fragen sicher war.

—— 13 ——

Punkt acht Uhr stand er wieder vor dem Krankenhaus und wartete darauf, daß das Tor geöffnet wurde.

„Na, bist du schon da?" fragte der Wärter, als er aufschloß.

„Also, du gehst da drüben in die Haupttür hinein, nimmst fein die Mütze ab und fragst nach Schwester Anna. Die wird schon Bescheid wissen."

Herzklopfend öffnete Piddl die schwere Eichentür und stand dann in der großen Vorhalle, in der eine breite, steinerne Treppe nach oben führte.

Sich irgendwie bemerkbar zu machen, wagte er nicht, und so stand er denn eine gute Viertelstunde beklommen da, ohne beachtet zu werden.

Da kam zufällig eine Schwester die Treppe herab und fragte ihn, was er wünsche.

Verlegen drehte Piddl seine Mütze in den Händen.

„Ich – wollte bloß mal fragen, wie es meiner Mutter geht."

„Ach so", sagte die Schwester. „In welchem Saal liegt deine Mutter denn?"

„Das weiß ich nicht!" antwortete Piddl. „Sie ist gestern abend erst hierhergekommen."

„Gestern abend? Wie heißt deine Mutter denn?"

„Frau Hundertmark."

„Da will ich mal nachfragen."

Die Schwester stieg die Treppe wieder hinauf und kam nach einer Weile, die Piddl wie eine Ewigkeit erschienen war, mit einer anderen zurück.

„Du bist der kleine Hundertmark?" fragte sie.

Piddl nickte.

Die Schwestern musterten ihn aufmerksam, tauschten leise ein paar Worte, und dann winkte ihm die, die zuletzt gekommen war, und führte ihn in ein Zimmer, das neben der Treppe lag.

„Hier mußt du eine Zeit warten. Ich will nachsehen, wie es deiner Mutter geht und ob du sie sehen darfst. Ich glaube, es geht ihr nicht so sehr gut!"

Da saß Piddl nun in dem großen, fremden Zimmer und wartete beklommen.

Ein großer langer Tisch nahm das halbe Zimmer ein, und Stühle standen an den Wänden mit hohen Lehnen und gespreizten Beinen.

Auf dem Tisch, der mit seinem frischen Lack hell in dem Schein der Sonne blinkte, standen eine Wasserkaraffe und ein paar Gläser auf einem vernickelten Untersatz. Gegenüber an der Wand hing ein großes Bild: Christus, Kranke heilend. Darunter hing ein Haussegen: ‚Kommet her zu mir alle, die ihr mühselig und beladen seid, ich will euch erquicken.' Große, bunt verzierte Buchstaben in Silberdruck auf schwarzem Karton. Hinter Piddls Rücken stand ein Fenster offen, und der laute Schlag eines Buchfinken drang durch die Morgenstille herein, fröhlich und schmetternd.

Es währte eine Stunde, bis die Tür wieder aufging.

Es war dieselbe Schwester, die ihn vorhin hereingeführt hatte.

„Es geht deiner Mutter nicht gut, mein Kleiner", sagte sie und sah ihn mit sanften braunen Augen mitleidig an. „Sie ist sehr schwer krank gewesen die Nacht. Du hast sie wohl sehr lieb, daß du schon so früh gekommen bist?"

Piddl antwortete nicht. Er sah der Schwester bekümmert und stumm ins Gesicht.

„Es ist eine schlimme Krankheit, weißt du, und da kann man immer nicht wissen –" fuhr die Schwester fort und brach ab, Piddl wieder mit den Augen musternd.

„Ja, man müßte Gott danken, wenn er sie nicht gar zu lange leiden ließe, sie hat sehr viele Schmerzen auszuhalten, und vielleicht wäre es am besten – wenn sie – nun, wenn Gott sie zu sich nähme."

Aus Piddls Gesicht wich alle Farbe. Er sah die Pflegerin mit einem Blick an wie ein Tier, das das Geschoß eines Jägers in der Brust hat und doch nicht sterben kann.

Er schluckte, biß die Zähne zusammen und drehte seine Mütze schneller in den Händen. Aber er antwortete nichts.

„Siehst du", fuhr die Schwester fort, „du darfst dir das nicht so sehr zu Herzen nehmen. Es gibt so viele Kranke. Wir haben jetzt sieben ganze Säle voll. Da sind manche, die sich den Tod wünschen, die nicht mehr leben wollen, verstehst du – aber sie sterben doch nicht. Wem Gott barmherzig ist, den nimmt er zu sich, ehe er ihn darum bittet."

In Piddl stieg eine furchtbare Ahnung auf, eine Ahnung, die sich wie ein schwerer Stein auf sein Herz legte, daß es sich mit langsamen, schmerzhaften Schlägen dagegen wehren mußte.

„Meine Mutter ist doch nicht –?"

„Ja", sagte die Schwester und schlang ihren Arm um ihn.

Aber Piddl schrie nicht auf, er wurde nicht ohnmächtig vor Schmerz, und keine Tränen stürzten ihm aus den Augen. Er saß stumm und starr und sagte kein Wort.

Die Schwester drückte seinen Kopf an sich, strich ihm leise und liebevoll über die Wangen und sprach tröstend, mit sanften Worten auf ihn ein.

Aber ihre Worte glitten an ihm ab, als sei er plötzlich zu Stein geworden. Er dachte nichts. Er hatte nur die Empfindung eines Ungeheuren, das geschehen war, das sein Leben wie der scharfe Schnitt eines Messers getroffen hatte.

Einen Augenblick hatte er die Empfindung, als wanke der Boden unter ihm, als drehten sich die Wände, neigten sich und müßten im nächsten Augenblick auf ihn stürzen. Er fühlte sich fallen, fallen, tiefer und immer tiefer in eine schaurige Finsternis.

Alles Leid und alle Entbehrungen, die er bisher erlebt hatte, hatte er hingenommen als etwas Selbstverständliches, nach dem ‚Warum' hatte er dabei niemals gefragt. Er hatte es wie etwas Unvermeidliches getragen, das eben so sein mußte, wie es war, das so selbstverständlich war wie das, daß der Himmel Wolken hatte und der Winter Schnee und Kälte brachte. Es hätte ihn höchstens in Staunen versetzt, wenn es anders gewesen wäre, als es nun einmal war.

Aber der Tod der Mutter traf ihn entsetzlich.

Dann kamen die ersten Tränen, quälend langsam. –

Von den nächsten Tagen und Ereignissen bewahrte Piddl nur einen Eindruck mit quälender Deutlichkeit: den Anblick seiner gestorbenen Mutter.

Man hatte ihn erst zu der Toten geführt, als die Leiche in der Kapelle des Krankenhauses aufgebahrt war.

Eine der Schwestern hatte ihn an den Sarg geführt. Durch die gemalten Fenster brach das Sonnenlicht mit feierlicher Pracht und goß durch den Raum ein mildes, überirdisches Licht.

Still und friedlich lag die Tote da, die Augen geschlossen und die Hände übereinandergelegt, einen kleinen Strauß aus weißen Blumen auf der Brust.

Aber auf ihrem Gesicht lag ein Ausdruck, so sonderbar, so feierlich groß und ernst und dabei so fremd und eigen, daß Piddl in dem Augenblick, als er ihr ins Gesicht sah, wie von etwas Heiligem berührt wurde, dem er nicht näher
5 kommen dürfe. War das seine Mutter wirklich, die da vor ihm lag?

Atemlos blieb er stehen, minutenlang, von Schmerz und Ehrfurcht zugleich bis in die Tiefen seines kindlichen Herzens bewegt.

10 Dann ging er langsam, vorsichtig auf Zehenspitzen näher und faßte herzklopfend, voll Zärtlichkeit nach den Händen, die seine Liebkosung mit solch eisiger Kälte erwiderten, daß er erschrak. Der Tod selbst hatte ihn zum erstenmal berührt und ihn mit eisigem Schauer bis ins Herz ge-
15 troffen.

Erst in diesem Augenblick empfand Piddl, daß ihm seine Mutter für immer entrissen war.

Seine Lippen begannen zu zucken, und der Anblick der Toten zerfloß in den Tränen, die seine Augen füllten.

20 ‚Warum hast du mich alleingelassen?' schrie es in ihm auf. Aber seine Lippen blieben stumm, und kein Wort kam aus ihm heraus.

‚Mutter, Mutter!' erhob es sich von neuem in ihm, während ihm die Tränen über die Backen rannen und er da-
25 stand, von Schmerz und Grauen erschüttert, hilflos und kläglich wie ein armer verprügelter Hund. ‚Wo bist du hin? Komm noch einmal wieder! Schlag noch einmal deine Augen auf, ein einziges Mal nur, ganz, ganz kurze Zeit nur! Sieh mich nur noch einmal an! Einmal! Einmal!'

30 Als die Schwester wieder eintrat, ließ er sich ruhig hinausführen, ohne Widerstreben, die zuckenden Lippen aufeinandergepreßt, um sein Schluchzen zu unterdrücken, und die geballten Hände hart wie ein paar Steine auf die Augen gedrückt.

14

Man hatte Piddl nach dem Tode seiner Mutter im Waisenhause unterbringen wollen, aber da war alles besetzt gewesen, und so hatte sich die Armenverwaltung entschlossen, ihn als Haltekind in Pflege zu geben.

Frau Anschütz, die schon zwei Ziehkinder pflegte, wohnte im Fabrikviertel der Stadt, wo lange, geradlinige Straßen, mit kleinen, anderthalbstöckigen Häusern bebaut, rechtwinklig, langweilig und öde die Geschäftsstraßen der Vorstadt durchschnitten. Ihr Mann arbeitete in einer der Fabriken. Das Häuschen, das die Familie Anschütz bewohnte, war ebenso nüchtern und langweilig wie die Straße, in der es stand. Von einem schmalen Flur kam man links in die beiden kleinen Zimmer und geradeaus in die Küche. Eine Treppe führte nach oben, wo ein paar Dachkammern mit schrägen Wänden als Schlafräume dienten.

Die Zimmer waren sauber gehalten und machten mit ihren braun gestrichenen Möbeln einen freundlichen Eindruck. Die Steinfliesen auf dem Flur wurden alltäglich geschrubbt, und der Kokosläufer, der über den Flur lief, war der Stolz der ganzen Familie, obwohl er schon ein wenig schadhaft und abgetreten war.

Frau Anschütz hatte Piddl, als man ihn ihr am Abend des Begräbnistages seiner Mutter durch den Jugendpfleger hatte bringen lassen, mit überfließender Freundlichkeit und unzählig vielen Worten empfangen, die der verstörte Knabe angehört hatte, ohne ein Wort zu erwidern.

Sie hatte ihn in die Küche geführt, wo ihr Mann noch mit den beiden anderen Pflegekindern beim Abendbrot saß, hatte ihm eine Schüssel mit gebratenen Kartoffeln vorgesetzt und ihn unaufhörlich genötigt, zu essen und es sich schmecken zu lassen.

Gespannt und mit großen verwunderten Augen hatten die Kinder, das sechsjährige Fränzchen und die zwölfjährige Anny, auf den Ankömmling geblickt, der schweigend vor seiner Schüssel gesessen hatte, ohne einen Bissen anzurühren.

Unaufhörlich hatte die Mutter auf ihn eingeredet, zuzugreifen und ganz wie zu Hause zu tun. Schließlich war Anschütz mit einem ärgerlichen: „Lat em doch tofreden, wenn de doch abselut nich will!" dazwischen gekommen, und Piddl war froh gewesen, daß das viele Reden zu Ende gewesen war.

Dann hatte man ihm die Bodenkammer gezeigt, wo sein Bett stand, und er war gleich oben geblieben, um schlafen zu gehen. Da lag er nun in dem fremden Hause, das Gesicht von Tränen verquollen und gedunsen, und sah zu, wie die Dämmerung langsam durch das kleine, eiserne Dachfenster in seine Kammer rann.

Eine großblumige, vergilbte Tapete, die längst zersprungen und schadhaft geworden war, hing in der Ecke vor ihm mit einem großen Lappen von der Wand, und der Sommerwind, der durch das kleine, offenstehende Fenster warm und schwül hereindrang, bewegte das Papier mit leisem Knistern hin und her.

Ohne Willen horchte Piddl auf die Geräusche im Hause. Es lief jemand unten über den Flur, die Haustürglocke schellte, eine fremde Stimme klang von unten herauf, eine Tür wurde zugeschlagen, und es wurde wieder still.

Von der Nachbarschaft drang durch das offene Fenster das Spiel einer Handharmonika herüber.

Piddl klappte das Dachfenster zu und drückte die Finger in die Ohren, um es nicht zu hören.

Endlich brach das Spiel ab, und es wurde still. Die Dunkelheit hatte zugenommen und lag nun weich über den wenigen armseligen Gegenständen, die in der Kammer standen.

Nun knarrte leise die Treppe unter leichten, trippelnden Schritten. Anny und Fränzchen gingen in der Kammer nebenan zu Bett. Piddl hörte durch die dünnen Bretterwände jeden Laut.

Anny half dem Kleinen beim Ausziehen. Leise wurde ein Stuhl geschoben, Kissen knisterten, und das Fenster wurde leise geschlossen. Dann klang deutlich das Trippeln nackter Füße auf den Fußbodendielen herüber. Darauf wurde es plötzlich still.

„Du, Anny!" drang da mit einem Male Fränzchens Stimme herüber.

„Ja?" antwortete Anny ebenso leise.

„Ich freu mir aber!"

„Warum denn?"

„Daß wir 'n Bruder gekriegt hab'n."

„Ja, das is fein."

„'n großen Bruder!"

„Ja, Fränzchen. Aber nu schlaf auch ein."

„Du, Anny!"

„Sei lieber still jetzt, sonst wacht er noch wieder auf!"

Ganz leise? „Magst du ihn leiden, Anny?"

„Ja, du nicht?"

„Mh!!!"

„Nun müssen wir auch einschlafen. Nacht, Fränzchen."

„Nacht, Anny."

Damit verstummte das Gespräch der beiden.

Aber die wenigen Worte waren wie Balsam in Piddls Herz gefallen. Ihren Bruder hatten ihn die beiden genannt! Er hatte ein paar Geschwister gekriegt!

Was keins der vielen gutgemeinten Trostworte vermocht hatte, die man ihm gesagt hatte heute und gestern und vorgestern – das hatten die wenigen armseligen Worte dieser Kinder getan, der Krampf, der sein Inneres wie mit eisernen Klammern umspannt hielt, löste sich, und weich und ohne Bitterkeit flossen seine Tränen in die Kissen seines Bettes.

Während er weinte, wurde ihm langsam leichter und

freier. Der ohnmächtige, schneidende Schmerz, mit dem ihn der Tod seiner Mutter erfüllt hatte, löste sich zum ersten Male in eine Art wehmütiger Ergebenheit, und als seine Tränen versiegten und er stiller und ruhiger atmend dalag, ordneten sich auch seine Gedanken und gingen wieder ruhiger ein und aus.

Warum hatte ihm Gott seine Mutter genommen, das Einzigste und Teuerste, was er besessen hatte? Warum? Warum?

Aber eine Antwort fand er auch jetzt nicht. Es war da etwas in der Welt, was er nicht begriff, etwas Rätselhaftes, Unfaßbares, auf das niemand eine Antwort hatte, die frommen Schwestern nicht, die seine Mutter hatten sterben sehen, der Geistliche nicht, der an ihrem Sarge gesprochen hatte, und die Nachbarn und Bekannten nicht, die ihn hatten trösten wollen.

Der Pastor hatte von dem Ratschluß Gottes gesprochen, den der Mensch nicht verstehen könne, von seinem allmächtigen Willen, ohne den kein Sperling vom Dache falle, und von seiner großen, unergründlich tiefen Liebe.

Was war das für ein unbegreiflicher Gott, der voll so großer Liebe war und die Menschen doch aus dem Leben nahm, wie es ihm paßte, und der sich um die Tränen der Menschen dabei nicht kümmerte?

Piddl war im Religionsunterricht der Schule mit denselben Vorstellungen erfüllt worden wie andere Kinder in seinem Alter. Aber dieser Gott, von dem man ihm erzählt hatte, der die Welt geschaffen und seinen Sohn zur Errettung der sündigen Menschen in die Welt geschickt hatte, war für Piddl niemals ein Erlebnis geworden.

In seinem Leben war dieser Gott nicht gewesen, für ihn hatte er nicht gesorgt, ihm war er niemals begegnet.

Aber nun hatte er plötzlich mit starker Hand aus dem Unbekannten, Finsteren heraus jäh und gewaltig in sein Leben eingegriffen, seine Mutter mit seiner Hand berührt, ihr Herz still gemacht, ihre Hand erkalten lassen, und sie lag nun da draußen in der schwarzen Kirchhofserde, wohin ihr keine Liebe mehr folgen konnte.

Ein Schauer durchrann Piddl.

Er lebte also doch, dieser allmächtige und ewige Gott, der sich nur so lange still verhalten hatte, bis es ihm gut schien, hervorzutreten und zu sagen: ‚Ich bin der Herr!'

Und wieder stand das Warum in Piddls Herzen auf, dieses schreckliche Warum, auf das es keine Antwort gab. Trug er eine Schuld an dem Tode seiner Mutter? Zürnte Gott ihm, hatte er ihn strafen wollen?

Aber was hatte er getan, um so bestraft zu werden? Was, um alles in der Welt? Und dann, wenn er wirklich etwas verschuldet hatte, mußte seine Mutter darum sterben?

Seine Gedanken verwirrten sich. Er verlor den Faden und warf sich in der schwülen, stickigen Luft der Kammer unter der schweren Federdecke seines Bettes hin und her, von Unruhe gequält.

Ja, das stimmte, was der Pastor am Sarge gesagt hatte: sie hatte nun Ruhe. Sie brauchte nicht mehr zu arbeiten, und ihre immer fleißigen Hände ruhten nun aus von aller Arbeit. Sie fühlte keinen Schmerz mehr, und alles, was sie vielleicht noch zu erdulden gehabt hätte, das würde ihr nun erspart bleiben.

Er empfand doch einen leisen Trost bei diesem Gedanken.

Aber hatte der Allmächtige, der Herr über Leben und Tod und Himmel der Welt, denn kein anderes Mittel, sie davor zu bewahren, als durch den Tod?

Fragen, Fragen! Immer wieder Fragen, und nirgends eine Antwort.

Schweißbedeckt richtete sich Piddl im Bette auf. Mit mattem Lichte schien der Mond ins Zimmer und zeichnete das Quadrat des Fensters auf die gegenüberliegende Wand. Wie milde und ruhig das Licht war.

War es unrecht, was er gedacht hatte?

War nicht auch Gott zugegen gewesen, damals, als in der kleinen Stube neben der Wohnung seiner Mutter das Kind geboren worden war?

Müde sank er wieder in seine Kissen und schloß die Augen, und wie er nun dalag und nur das dumpfe Klopfen seines Herzens in seinen Ohren war, sah er plötzlich seine Mutter vor sich stehen, wie hergeweht, aus dem Dunkel der Nacht heraufgestiegen.

Sie sah ganz so aus, wie früher, wenn sie in der Stille des Sonntags in ihrer Stube gesessen hatte. Das graue Sonntagskleid hatte sie an, und sie saß da, die Ellenbogen auf die Knie gestützt, und sah ihn an; ernst, von feiertäglicher Ruhe umflossen.

‚Mutter, Mutter!' wollte Piddl rufen voll sehnsüchtiger Freude, – aber ehe er nur ein Wort sprechen konnte, verging die Erscheinung wie ein Hauch in kalter Nachtluft, und nur das dämmerige Dunkel der Kammer lag wieder vor ihm und der helle Schein des Mondes an der Wand neben seinem Bett.

Und doch schien etwas von der Ruhe zurückgeblieben zu sein, mit der ihn das Bild der Mutter angeblickt hatte, und langsam kam endlich mit der tiefer und tiefer sinkenden Nacht der Schlaf.

—— 15 ——

Langsam lebte sich Piddl in seine neue Umgebung ein, und der Schmerz über den Verlust seiner Mutter verlor mit der Zeit das Schneidende und Scharfe der ersten Tage. Die veränderten Verhältnisse und die fremden Personen, mit denen zusammenzuleben er gezwungen war, lenkten seine Aufmerksamkeit in wohltätiger Weise ab und zerstreuten und beschäftigten ihn, ohne daß er sich dessen bewußt wurde. Die gutmütige Freundlichkeit seiner Pflegemutter, ihre Plauderlust und Redseligkeit taten ein übriges, ihn allmählich im Anschützschen Hause heimisch werden zu lassen; und besonders die Pflegegeschwister, an die er sich bald mit dem ganzen Hunger seines Herzens nach Liebe angeschlossen hatte, ließen ihn die Winkelgasse und die Ereignisse der letzten Wochen mehr und mehr vergessen.

Nur sein Pflegevater gefiel ihm nicht, ja, dessen mürrisches, gereiztes und polterndes Wesen stieß den Jungen geradezu ab. Er ging ihm darum am liebsten aus dem Wege, und meistens sah er ihn nur bei den Mahlzeiten.

Aber auch Anschütz schien eine Abneigung gegen den stillen, sonderbar ernsten und in sich gekehrten Jungen zu empfinden. Die mütterliche Hingabe, mit der seine Frau für den Jungen sorgte, kam ihm übertrieben und albern vor, und er konnte es nicht unterlassen, zuweilen spöttische Bemerkungen darüber zu machen.

So blieb das Verhältnis zwischen ihm und Piddl kühl und von einer Gleichgültigkeit und uneingestandenen Abneigung getragen, die später in offene Feindschaft übergehen sollte.

Eine ganz besondere Freude aber hatte Piddl an den Tieren, die Frau Anschütz pflegte.

Hinter dem Hause lag nämlich ein kleiner, enger Hofplatz, von einer geteerten Planke umgeben, schmutzig und unordentlich. Es wuchsen keine Blumen darin, und ein paar zerbrochene alte Steinfliesen lagen wie kleine Inseln in dem schwarzen Erdreich, das sich bei Regenwetter in einen klebrigen Sumpf verwandelte. Aber dieser Hofplatz barg bei all seiner Unordnung etwas ungemein Köstliches, das ihn in Piddls Augen wie ein Paradies erscheinen ließ. An der rechten Seite stand nämlich, aus alten Kistenbrettern zusammengenagelt, altersschwach und baufällig, von der Feuchtigkeit verbogen und verquollen, ein alter Stall.

Es war nicht mehr klar zu erkennen, zu welchem Zweck er ursprünglich gebaut worden war. Seine Form war so wunderlich, durch allerhand Anbauten in solch komischer Weise entstellt, daß man wirklich nicht mehr erraten konnte, ob er anfangs als Hundehütte oder Kaninchenstall gedient hatte.

Die Nachbarn, die aus ihren hochgelegenen Fenstern auf ihn heruntersahen, nannten ihn nur die ‚Arche', und dieser Name paßte gut. Wie das sagenhafte Fahrzeug Noahs beherbergte der Kasten die verschiedensten Tiere. Zu der Zeit, als Piddl ins Haus kam, wohnte ein altes Huhn darin, das nur mehr einen Fuß besaß, ein Hahn, ein Kaninchen und ein paar Meerschweinchen. Der würdevollste von diesen fünf war der Hahn, ein greisenhaft altes Tier, groß und stark, mit doppeltem Kamm, hängenden Kehllappen, schwarzem, mit weißen, unregelmäßigen Flecken verziertem Gefieder und einer Stimme, die tief und dunkel klang, so daß sein Geschrei wie ein dumpfes Krokokokoh –! über die Höfe der Nachbarschaft hinhallte.

Der Hahn hieß Jan.

Jan war ein Unikum. Das war keine Frage. Stundenlang konnte er tiefsinnig mit aufgeplusterten Federn unbeweglich auf einem Fleck stehen, wobei er die Nickhaut seiner Augen blinzelnd hin- und herschob, und seine Betrachtungen anstellen. Er hatte jeden Fleck des kleinen, engen Hofes mit seinen Füßen ausgemessen, und in der feuchten Erde standen allenthalben die Spuren seiner großen, plumpen Zehen. Es gab überhaupt nichts mehr in Jans Umgebung, das ihm unbekannt gewesen wäre. Jede Ritze in der Planke kannte er, jede Steinplatte auf der Erde. Es gab wirklich nichts mehr, das seine Aufmerksamkeit irgendwie hätte in Anspruch nehmen können, und so blieben ihm nichts als seine trübseligen, stillen Betrachtungen, die er an jedem Tag mit der Ruhe und Unermüdlichkeit eines Philosophen von neuem begann.

Dann war Frieda da, die einzige Henne des Hofes, die nur einen Fuß besaß und klein und zierlich gebaut war, als gehöre sie nimmer mit Jan zusammen. Den einen Fuß hatte sie in früher Jugend in der Häcksellade des Bauernhofes verloren, wo sie zur Welt gekommen war, aber sie lief auch mit dem einen Fuß und dem stumpfen Ende des anderen noch erträglich. Nur scharren konnte sie nicht recht. Der lange rote Kamm stand gut zu ihrem blauschwarzen Gefieder. Aber er war etwas zu lang geraten und bedeckte immer das eine Auge wie eine Scheuklappe. Dadurch war sie gezwungen, den Kopf fortwährend ein wenig schief zu halten, wobei sie das freie Auge zum Himmel emporrichtete, und dabei ging sie so eigentümlich geduckt, daß es aussah, als erwarte sie jeden Augenblick von dort her ein herabsausendes Unglück.

Piddl war über die Maßen entzückt, als er Jan und Frieda zum erstenmal sah. Sein Leben lang hatte er sich heimlich nach einem Tier gesehnt, aber nie eins besessen. Da kamen nun diese beiden und musterten ihn mit aufmerksamen Augen, redeten miteinander in unverständlichen Kehllauten und entschlossen sich, Freundschaft mit ihm zu schließen.

Dann waren die Meerschweinchen da, aber die mochte er nicht leiden; sie sahen aus wie große bunte Ratten, und Piddl konnte sich nicht an sie gewöhnen. Sie gehörten Anny, die die Tiere aber ebenfalls bald nicht mehr leiden mochte, als sie merkte, daß sie Piddl zuwider waren. So wurden sie denn eines Tages, das Stück zu zwanzig Pfennig, an Fritz Schuhmacher aus der Schifferstraße verkauft.

Das schönste aber war das Kaninchen.

Es war seidenweich, weiß wie frischgefallener Schnee, mit gelben Ohren und einem gelben Sattel auf dem weißen Rücken, hatte ein zierliches schnupperndes Näschen, große, dunkle Augen, die voll Sanftmut blickten, und einen niedlichen Stummelschwanz.

Piddl strahlte, als er es erblickte. Vorsichtig nahm es Anny auf den Schoß und ließ es ihn betrachten. Er streichelte es, ließ die langen Ohren durch seine Finger gleiten und es ein Stück Brotrinde aus seiner Hand fressen. Aber das erregte den hellen Neid Jans. Er kam mit eiligen Schritten, gluckste und kollerte wie ein zorniger Puter und pickte plötzlich, als sei das die selbstverständlichste Sache von der Welt, den Rest des Brotes aus Annys Hand, die Beute mit Frieda teilend, die neugierig und hungrig herbeigelaufen kam.

Piddl wurde der treueste Pfleger der Tiere. Morgens, ehe er zur Schule ging, stand er schon im Hof, reinigte das Wasserbecken, streute Futter hin und öffnete die kleine Tür des Stalles, aus der die Tiere in den Hof schlüpften.

Es gelang seiner Pflege sogar, was seit langer Zeit nicht mehr vorgekommen war, Frieda zum Eierlegen zu bewegen. Er fütterte sie besonders gut und hatte ihr in einer Ecke des Stalles ein Nest aus einer alten Kiste zurechtgemacht, und eines Mittags fand er darin das erste Ei. Triumphierend trug es Piddl in die Küche.

Alle kamen und bestaunten das Wunder, und Friedas Lob war in aller Munde.

„Wir sollten es nicht kochen", riet Piddl. „Wenn wir noch ein paar Tage warten, kommen gewiß noch welche dazu, und vielleicht, wenn Frieda dann anfängt zu glucken –!"

Die Aussicht, den Hof voll kleiner Kücken zu sehen, riß Anny zu einem Freudentanz hin. Sie klatschte in die Hände, und das Fränzchen kreischte vor Vergnügen laut auf, als es die allgemeine Freude sah.

Vielleicht gab Frieda nach einigen Tagen das zweite Ei von sich und fuhr mit dieser löblichen Beschäftigung noch volle drei Wochen fort. Dann kam das Unerhörte: Frieda gluckte. Sie verließ das Nest nicht mehr, und am Abend dieses ewig denkwürdigen Tages wurden ihr die sorgsam gesammelten Eier anvertraut. Drei Wochen fieberhafter Spannung folgten. Piddl ging täglich in den Hof, um nachzusehen, und horchte an den letzten Tagen vor dem Ausschlüpfen der Kücken minutenlang hinter den Wänden des Stalles, ob sich vielleicht schon ein Piepen hören ließ. Eines Morgens war dann das Unglaubliche geschehen. Ein Kücken war da und schaute mit klugen schwarzen Augen unter dem Flügel der Mutter hervor, ließ sich in die Hand nehmen und ins Zimmer tragen, wo Piddl es mit zitternden Fingern auf den Tisch setzte.

Anny jubelte, und Fränzchen konnte vor Entzücken nicht sprechen. Mit großen Augen starrte er auf das Tierchen, das piepsend zwischen Kaffeekanne und Milchtopf auf der glatten Wachstuchdecke des Tisches stand wie auf einem Parkettfußboden und jeden Augenblick auszurutschen drohte.

Sein Gefieder war weich wie zarte Seide, seine Füße frisch und rosig, und es trank willig ein paar Tropfen der Milch, in die man es vorsichtig mit der Spitze des Schnabels getunkt hatte.

„Du lieber Gott!" sagte Frau Anschütz, als die Kinder ihr freudestrahlend das Tierchen zeigten, nahm es in ihre Schürze und blickte es gerührt und mit stiller Freude an.

Voll unendlicher Spannung wartete man bis zum Abend auf das Ausschlüpfen der übrigen Küchlein, wartete bis zum andern Morgen und dann noch einen vollen Tag.

Am Abend entschloß man sich dann, vorsichtig eines der Eier zu öffnen.

Es war faul.

Man öffnete ein zweites.

Es war in derselben Verfassung.

Beim dritten und vierten war es ebenso.

Die Hoffnung, eine stattliche Kückenschar auf dem Hofe großziehen zu können, sank plötzlich.

Auch das fünfte und sechste waren nicht gut und mußten schleunigst weggetan werden.

Im siebenten befand sich ein Küchlein, aber es war unterentwickelt und bereits seit Tagen tot.

Das achte, neunte und letzte waren wieder faul.

Die Enttäuschung kannte keine Grenzen.

Traurig blickten sich alle an. Wer trug die Schuld an diesem traurigen Ergebnis?

„Krokokrokooh!" nörgelte der alte Jan, unzufrieden mit sich selbst und niedergeschlagen von dem, was er da eben hatte mit ansehen müssen.

Aber an ihn dachte niemand.

―― **16** ――

„Anny! – An-ny!"

Keine Antwort.

„An-ny!" wiederholte Piddl noch lauter.

„Ja?" klang es da aus der Tiefe des Hauses zurück.

„Wo bist du?"

„Hier, im Keller."

„Was machst du denn da unten?" rief Piddl und lief an die Kellertreppe.

„Ich muß die Kartoffeln aussuchen, die noch gut sind", rief Anny zurück. „Mutter hat es mir gesagt, als sie mit Fränzchen wegging."

„Bist du schon bald fertig?"

„Nee", sagte Anny, „was glaubst du? So schnell geht es nicht."

„Dann helf ich dir ein bißchen, nicht? Dann geht's doch schneller."

„Ja, komm."

Piddl stieg in den Keller, der ihn mit feuchtkühler Dämmerung empfing. Unsicher tappend, mit vorgehaltenen Händen, kam er näher. „Wo bist du denn? Ach, da in der Ecke!"

Anny kicherte.

Aber nach einigen Minuten hatten sich Piddls Augen an die Dunkelheit gewöhnt, und emsig machte er sich mit an die Arbeit, die bereits schlecht gewordenen Kartoffeln aus dem Vorrat des letzten Winters unter den noch guten herauszusuchen.

„Wie lange bist du eigentlich schon hier bei Anschützs?" fragte Piddl.

„Oh, zwei Jahre wohl schon!"

„Magst du hier gern sein?"

„Gern gerade nicht. Der Vater –"

„Nicht wahr, der Vater. Der ist immer so sonderbar."

„Ja, wenn du es nicht weitersagen willst – mitunter ist er auch betrunken", flüsterte Anny.

„Betrunken?"

„Ja, das wirst du noch sehen, wenn du erst länger hier gewesen bist. Mitunter, wenn er des Sonnabends nach Hause kommt."

„Heute ist ja Sonnabend."

„Ja, darum ist ja die Mutter hingegangen, um ihn abzuholen, dann geht er nicht in die Bierhalle, wenn sie ihn abholt."

„Betrinkt er sich schlimm?"
„Er ist dann ganz dick."
„So, daß er nicht gehen kann?"
„Tüchtig. Dann schlägt er uns auch, wenn er uns zu sehen kriegt. Und Mutter schlägt er dann auch."
„Frau Anschütz?"
„Ja, einmal hat er das Fenster hinten in der Küche eingeschlagen. Wir haben eine Angst gehabt, sag' ich dir, und sind schnell nach oben gelaufen, Fränzchen und ich."

Piddl war starr vor Schreck. Ein Betrunkener war etwas Schreckliches für ihn. Kubalek fiel ihm wieder ein, der so oft des Abends betrunken von der Arbeit nach Hause gekommen war, daß ihn die Kinder auf der Straße gehänselt hatten, und der dann jedesmal so gemein geschimpft hatte, daß alle Leute vor die Tür gekommen waren, und der Fritz Röhnholz einmal so erbärmlich verhauen hatte.

„Warum betrinkt er sich denn immer gerade sonnabends?" fragte Piddl.

„Ach du, sei doch nicht so dumm! Da kriegt er doch sein Geld."

„Vorigen Sonnabend war er doch nicht betrunken, und den Sonnabend vorher auch nicht!"

„Nein", sagte Anny, „jedesmal tut er es nicht. Wenn er es aber tut, ordentlich!"

„Du, Anny!"

„Hm?"

„Wir beide müssen zusammenhalten."

„Ja, wie meinst du das?"

„Du bist doch auch ganz allein wie ich, nicht? Ich meine, du hast doch auch keine Mutter mehr?"

„Doch! Die habe ich noch! Ich weiß nur nicht, daß ich sie schon gesehen habe. Sie wohnt in Berlin, und mitunter schickt sie an Mutter Geld."

„Warum bist du denn nicht bei ihr?" fragte Piddl verwundert.

„Nein", sagte Anny gleichmütig. „Sie hat keine Zeit für Kinder, weißt du!"

„Sie hat wohl ein Geschäft?"

„Ich weiß es nicht."

„Bist du noch nie bei ihr gewesen? Auch zu Besuch nicht?"

„Nee", sagte Anny und schüttelte den Kopf.

„Du, Anny! Was machen wir gleich, wenn wir fertig sind?"

„Wir lesen zusammen in meinem Märchenbuch, nicht? Hast du Lust?" –

Als sie die Treppe hinaufgestiegen waren, holte Anny ihr Märchenbuch, sie setzten sich zusammen in Piddls Kammer, und Anny las vor. Die Sonne schien heiß und stechend in das kleine, schräge Zimmer, und ein Dunst von Holz und alten Tapeten machte die Luft noch trockener und schärfer. Aber die Kinder merkten es nicht. Sie saßen und lasen, ohne aufzublicken, die Köpfe dicht aneinandergedrückt.

„Du kannst schön lesen", sagte Piddl, als Anny eine Pause machte, und spielte mit ihrem langen braunen Haar, das ihr weich über die schmalen Schultern fiel. Unschuldig sah sie ihn aus ihren dunklen Augen an.

„Ja", antwortete sie, „das sagt mein Lehrer auch. Unser Lehrer ist überhaupt nett."

„Wie heißt er?" fragte Piddl.

„Herr Bohne."

„So, da bist du wohl die Erste in eurer Klasse?"

„Verkehrt", sagte Anny.

„Die Zweite?"

„Auch verkehrt!"

„Dann aber die Dritte gewiß."

„Die Fünfte bin ich, wenn du's wissen willst."

„Dann mußt du ja mächtig klug in der Schule sein!"

Anny lachte.

„Der wievielte bist du denn?"

„Oh", sagte Piddl gedehnt, „ich? Ich bin ein Dummkopf und sitze ganz unten, weißt du."

„Das ist nicht wahr", bestritt Anny gleich lebhaft. „Karl Körtzinger sagt, daß du der Siebente bist."

„Hast du den darum gefragt?"

„Ja", gestand Anny ein wenig verlegen und wurde rot.

„Was du für schönes Haar hast!"

„Laß das doch!"

„Ja, wenn du nicht willst, daß ich es mal anfassen soll –"

„Ach, du –!"

„Du, Anny!"

„Ja?"

„Ich mag dich eigentlich furchtbar gern leiden."

„Mh?"

„Ja, wirklich."

„Noch lieber als Klara?"

Klara – ja – das war nun so eine Frage. Piddl antwortete nicht.

„Sag doch", mahnte Anny.

„Ach", wich er aus, „weißt du, Klara seh ich ja so selten. Sie kümmert sich ja gar nicht mehr um mich."

„Ich meine, Klara ist doch deine Braut?"

Piddl zuckte mit den Schultern.

„Ich hab' auch einen Bräutigam."

„Hm?" machte Piddl verblüfft. „Wer ist denn das? Karl Körtzinger?"

„Nee", sagte Anny und lachte laut auf.

„Wer denn?"

„Rat mal!"

„Kann ich nicht."

„Doch. Tu's doch mal."

„Ich weiß es doch nicht", sagte Piddl halb ärgerlich und halb verlegen.

„Anton Rolle."

Anton Rolle war ein Krüppel, der sich nur an Krücken bewegen konnte. Beide Beine waren ihm gelähmt. Bei gutem Wetter saß er den ganzen Tag in einem Lehnstuhl hinter der Tür des kleinen Hauses, das seine Eltern bewohnten, und las. Er las alles, was er bekommen konnte, und wer mit ihm ins Gespräch kam, merkte bald, welche Wunderwelt in dem stillen Knaben lebendig war.

„Anton Rolle? Das ist doch dein Ernst nicht", rief Piddl.

„Warum nicht", sagte Anny. „Ich leih mir Bücher von ihm. Dieses Märchenbuch habe ich auch von ihm geliehen. Er will mir ein neues geben, wenn ich's durchgelesen hab'."

„Ach", sagte Piddl, „ich kann auch Bücher für dich leihen, wenn du's gern willst."

„Bist du böse?"

„Ach, laß mich doch."

„Sei doch gut, Piddl, ich kann doch deine Braut nicht sein."

„Warum nicht?"

„Ich bin doch deine Schwester, nicht?" sagte Anny, schmiegte sich an ihn und mühte sich, ihm von unten her in das trotzig abgewandte Gesicht zu sehen.

Piddl schoß es heiß zum Herzen.

„Ja", sagte er glücklich, „aber dann mußt du auch meine richtige kleine Schwester sein! Willst du das?"

„Ja", sagte Anny.

Da faßte er sie um den Hals und küßte sie. „Meine liebe, kleine, gute Schwester."

Piddl sehnte sich so nach Liebe, daß es ihn bei der zärtlichen Berührung seiner Pflegeschwester mit heißem Schauer überlief.

„Wir sind ja beide ganz allein und müssen doch zusammenhalten", flüsterte er ihr zu. „Und wenn dir nun jemand etwas tun will, so sagst du's mir! Ich steh' dir immer bei."

„Ja", sagte Anny und strich ihm mit weicher Hand über die flammend roten Wangen.

Da klingelte es unten an der Haustür. Piddl lief an die Bodentreppe und schaute hinunter, wer gekommen sei. Er traute seinen Augen nicht. Es war Klara.

„Guten Tag!" rief sie mit schüchterner Stimme durch das stille Haus.

„Klara!" rief Piddl. „Komm 'rauf!"

„Piddl!" rief sie glücklich, als sie seine Stimme hörte, und stieg die Treppe herauf. „Ich wollte dich bloß mal besuchen!"

„Das ist Anny!" stellte Piddl seine Schwester vor, wurde rot und lächelte, überrascht und glücklich zugleich.

„Das ist aber nett, daß du mal kommst."

„Ich wußte ja gar nicht, wo du eigentlich geblieben warst", sagte Klara. „Ich hab' Fritz Röhnholz gefragt, der hat es mir heute gesagt. Also hier wohnst du nun? Schläfst du in dem Bett da?"

„Ja", sagte Piddl, „ist es nicht fein hier?"

Er hatte sich aus alten Zeitschriften, die er in einer Ecke auf dem Hausboden gefunden hatte, Illustrationen herausgeschnitten und sie über seiner Bettstelle mit Zwecken an der Wand befestigt. „Schöne Bilder, nicht?" fragte er.

Klara besah alles aufmerksam. Piddl glühte vor Eifer, seiner Freundin zu zeigen, was er besaß.

„Was ist das für 'n Buch?" fragte Klara und nahm die Märchen, aus denen Anny vorhin vorgelesen hatte, in die Hand.

„Ach, das sind Märchen."

„Lies mal eins, Piddl, bitte", sagte Klara und setzte sich auf den Rand der Bettstelle.

„Wie geht's denn bei euch und in der Winkelgasse?" fragte Piddl, indem er blätterte.

„Oh, das ist immer so dasselbe, in eurer Wohnung wohnt jetzt eine Frau Rösing. Die ist schon an die siebzig Jahre.

Ich hole immer für die ein. Sie kann nicht mehr auf die Straße, weißt du."

„Was soll ich denn lesen?" fragte Piddl und schlug unschlüssig ein paar Blätter um, bis er sich für ‚Fundevogel' entschied. Wie still und lauschig es in der Kammer war. Die untergehende Sonne lag glühend in dem schrägen Fenster des Daches, und in ihrem Schein tanzten die Sonnenstäubchen wie winzig kleine, durcheinanderwirbelnde Sterne.

‚Mein Vöglein mit dem Ringlein rot
Singt Leide, Leide, Leide:
Es singt dem Täubelein seinen Tod,
Singt Leide- Lei-zicküt-zicküt-zicküt-'

Da klingelte die Haustürglocke.

Die Kinder schwiegen, Piddl wollte an die Treppe gehen, um nachzusehen, blieb aber auf halbem Wege stehen.

Ein weinerliches, lallendes Singen drang vom Flur herauf. Dazu hörten die Kinder Frau Anschütz' Stimme: „Swieg still, Bernhard, lat doch dat Singen na!"

„Wat wullt du?" wurde sie unterbrochen. „Hol din Babbel, segg ick!"

Weiß wie der Kalk an der Wand stand Anny auf und zog Piddl am Ärmel wieder in die Dachstube. „Pst!" flüsterte sie, „der Vater ist dicke."

Sie zog die Tür zur Kammer zu und sagte: „Seid ganz still, vielleicht meint er, daß wir nicht da sind. Mutter bringt ihn doch bald zu Bett."

Klara saß mit klopfendem Herzen, und auch Piddl wußte nicht, was er sagen sollte.

Lauschend blieben die Kinder stehen und hörten, wie die Tür zur Küche geöffnet wurde und ein paar Augenblicke später ein Wortwechsel ausbrach.

„Wenn du keen Rau giffst, hau ick woller af. Fat mi nich an!"

Deutlich hörten sie nun Frau Anschütz bitten: „Bernhard, nu wees doch nich so stickhalsig, du hest doch all veel toveel! Wees doch tofreeden."

„Los, lat los", knurrte Anschütz. „Loslaten oder mi
5 platzt de Kragen!"

Anny brach in Tränen aus.

„Nu haut er Mutter", flüsterte sie weinend.

Piddl wurde es heiß und kalt. Mit einem plötzlichen Entschluß stand er auf und ging hinunter.

10 „Piddl!" rief Anny halblaut. „Bleib hier."

Aber Piddl wollte nicht. Er stieg die Treppe hinunter und kam gerade noch früh genug, den Ärger des Betrunkenen auf sich zu lenken.

„Guten Abend", sagte er und stellte sich an die Haustür,
15 ohne weiteres den Schlüssel abziehend.

„Och nee, nu kiek di dat an!" höhnte Anschütz, der mit branntweingerötetem Gesicht an der Wand lehnte.

Als er aber Piddl den Schlüssel abziehen sah, ergriff ihn plötzlich eine ungeheure Wut.

20 „Wat wullt du Elendswuddel mit den Slötel?" rief er drohend.

„Die Tür abschließen", antwortete Piddl trocken.

„Hest du dat Seggen hier, du Snackewatt?"

„Nee, das bist du", erwiderte Piddl, während ihm die Pflegemutter hinter Anschützs Rücken mit den Händen winkte und ihm zu verstehen gab, den Schlüssel um Gottes willen schnell zurückzugeben.

„Batz den Slötel her, büst överspöönsch?" lärmte der Betrunkene, mit dem Fuß auf den Boden stampfend.

Piddl sah ihn an, den Schlüssel in der zusammengepreßten Hand, fest entschlossen, die Tür unter keinen Umständen freizugeben.

„Ich glaube, es ist besser, wenn du heute abend zu Hause bleibst!" sagte er ruhig, während ihm das Herz vor Aufregung klopfte.

„Geef du den Slötel her!" wiederholte Anschütz und hielt die geballten Hände wie ein paar schlagbereite Hämmer dem Knaben vor das Gesicht.

„Nein!" rief Piddl, in dem der Trotz erwachte, der schon früher oft wie ein plötzlicher Krampf über ihn gekommen war.

Ein fester Schlag traf ihn im selben Augenblick. „Verdammte Pogg", schrie Anschütz, „hest du mi wat to wiesen?"

Piddl war an die Haustür zurückgetaumelt. Die Funken waren ihm aus den Augen gestoben bei dem Schlag.

„Um Gottes willen", stieß Frau Anschütz heraus und drängte sich zwischen ihren Mann und den Knaben.

„Den Slötel –!" rief Anschütz wieder.

„Heute abend nicht!" antwortete Piddl und biß die Zähne zusammen.

„Mach, daß du wegkommst, Junge!" rief ihm Frau Anschütz zu und rang angstvoll die Hände.

„Nein", beharrte Piddl, der nun erst merkte, wie ihm etwas Warmes, Salziges über die Lippen lief.

„Er blutet ja", rief Frau Anschütz jammernd ihrem

Manne zu, der sich, blind vor Wut, von neuem auf Piddl stürzte und ihn an den Schultern schüttelte.

Die beiden Mädchen standen angsterfüllt, zitternd und weinend oben auf der Treppe, und auch das Fränzchen, das noch mit dem Hute dastand, weinte mit kläglicher Stimme.

Der Lärm rief die Nachbarn zusammen, die an der Haustür standen und wissen wollten, was da vorging.

„Lassen Sie mich los!" keuchte Piddl, der mit einem Male das Du vergaß, das er sonst stets gegen seinen Pflegevater gebraucht hatte.

„Den Slötel! Geef den Slötel!!" keuchte der, ohne Piddl loszulassen.

Piddls kleine Faust öffnete sich, der Schlüssel fiel zu Boden und rutschte zur Haustür. Im selben Augenblick traf ein Schlag die Glasscheibe, daß sie klirrend in Scherben ging. Und durch die Öffnung griff Nachbar Martens, langte nach dem Schlüssel und schloß, ohne ein Wort zu sprechen, die Haustür von außen auf.

Er befreite den Knaben, der unter dem Griff des Betrunkenen blau und rot im Gesicht geworden war, und führte den lärmenden und widerstrebenden Anschütz in die Kammer, ihm immerfort zuredend und ihn beschwichtigend.

Es dauerte eine Weile, bis es ihm gelang, den halb Entkleideten auf das Bett zu legen, wo er, noch immer schimpfend und randalierend, endlich einschlief.

Piddl lag währenddessen oben in seiner Kammer, ein mit kaltem Wasser benetztes Tuch auf seinem von dem Faustschlag entstellten Gesicht.

Klara saß, noch immer zitternd, zu Füßen seines Bettes. Anny wechselte stumm, mit schwesterlicher Liebe, den Umschlag.

„Nee", sagte jammernd Frau Anschütz, die heraufgekommen war, „daß ich auch so was erleben muß! Das mußt du nicht wieder tun, Piddl, er kennt sich dann selbst nicht, weißt du, wenn er nicht allein ist, so wie heute abend."

104

„Er sollte nicht wieder weg", sagte Piddl. „Und er sollte dich auch nicht schlagen."

„Gott sei Dank schläft er jetzt!" sagte Frau Anschütz, sich mit ihrer Schürze die Tränen abwischend. „Wenn er nüchtern ist, ist er ein so guter Mensch. Das hast du doch auch schon gemerkt, Piddl, nicht? Ist es denn schlimm geworden, mein Junge?"

„Gar nicht!" sagte Piddl. „Ich fühle schon nichts mehr davon." –

Klara nahm Abschied, noch immer bleich von dem ausgestandenen Schrecken.

„Kommst du mal wieder?" fragte Piddl.

„Komm lieber mal zu uns", bat sie. „Anny bringst du dann auch mit, ja?"

Leise, auf Zehenspitzen, stieg sie die Treppe hinunter und verließ das Haus.

—— **17** ——

Die Herbsttage gingen hin, gleichmäßig und grau, mit fliegenden, tiefhängenden Wolken und Regengüssen, hinter denen rauhe Winde kamen, die von neuem Wolken und Wind und regendurchrauschte Tage brachten.

Im Spätherbst kamen dann noch einmal ein paar schöne, stille Sonnentage und ließen die Erinnerung an den Sommer wieder aufleben, der viel zu früh Abschied genommen hatte.

In Piddls Leben, das gleichmäßig und grau wie die Tage der vergangenen Wochen dahinging, brachten auch sie keine Abwechslung.

In dem Verhältnis zwischen ihm und seinem Pflegevater war keine Veränderung vor sich gegangen.

Anschütz hatte erkannt, daß in dem stillen, in sich gekehrten und schüchternen Jungen ein merkwürdig fester

Wille saß, ein Trotz und eine Entschlossenheit, die, einmal geweckt, nicht zu brechen waren. Deutlich hatte er seit dem Zusammenstoß, den er mit ihm in der Trunkenheit gehabt hatte, sein Benehmen gegen Piddl verändert. Feindselig sah er ihn an, wenn er ihm abends bei der Mahlzeit gegenübersaß und Piddl bescheiden seine Brotschnitte verzehrte.

Seiner Frau gegenüber ließ er seinen Ärger über den Jungen, dem er noch mal ‚Mores' beibringen werde, freien Lauf, hütete sich aber, noch einmal einen Zusammenstoß mit ihm herbeizuführen. Nicht, daß er jetzt häufiger des Sonnabends nüchtern war, aber das wüste Randalieren, mit dem er so oft am letzten Tage der Woche abends heimgekommen war, pflegte er jetzt unter einer nörgelnden Dröselei zu verstecken. Auch in der Trunkenheit verließ ihn der Gedanke nicht, daß er sich zusammennehmen müsse und außer seinem Willen noch ein anderer im Hause sei, der ihm entgegentreten könnte, wenn es auch nur der Wille eines Knaben war.

Meistens ging er Piddl darum scheu aus dem Wege.

Frau Anschütz dagegen hatte den Knaben um so lieber gewonnen.

Die Entschlossenheit, die er an den Tag gelegt hatte, und sein Wille, ihr gegenüber ihrem betrunkenen Manne beizustehen, hatten sie ganz für Piddl eingenommen. Wohin sie kam, erzählte sie in ihrer redseligen Weise von dem ‚Jungen', und die zerbrochene Haustürscheibe und das Gespräch der Nachbarn taten ein übriges, den Vorfall und Piddl in der ganzen Straße bekannt zu machen.

Sein Name war einen Tag lang in aller Munde.

Immer noch hieß er kurzweg der ‚Piddl'. Aber er ging nun bereits ins zwölfte Jahr und war durchaus nicht mehr so klein, daß der Name berechtigt gewesen wäre. Er war untersetzt, breitschultrig und gedrungen, wie ein junger Baum, der, durch widrige Umstände im Wachsen zurückgehalten, mehr in die Breite gewachsen ist, statt schlank in die Höhe zu schießen, wie andere, die mehr Licht und Luft gehabt haben. Der Körper des Jungen hatte etwas Zähes, Knorriges, und in seinem Gesicht, mit dem ein wenig schiefen Kinn und den schmalen Lippen, lag ein Ausdruck der Verschlossenheit. Etwas Eckiges und Kantiges war darin, zu dem die Augen, die weich und träumerisch in die Welt sahen, in einem merkwürdigen Gegensatz standen.

Eines Abends kam Piddl von einem Botengang, den er für seine Pflegemutter besorgt hatte, nach Hause, als er Anton Rolle hinter seiner Haustür sitzen sah. Er wußte selbst nicht, wie er plötzlich dazu kam, ihn anzureden. Bisher hatte er es nie gewagt. Der blasse, schmächtige Junge mit dem feinen, zarten Gesicht, der hinter der Tür seiner elterlichen Wohnung auf einem Stühlchen saß, das für einen Zehnjährigen schon zu niedrig gewesen wäre, nickte ihm auf seinen Gruß lächelnd zu und sagte: „Sieh, Piddl! Wie geht's dir?"

„Kennst du mich?" fragte Piddl, der stehengeblieben war.

„Gewiß doch!" antwortete der Krüppel. „Anny hat mir von dir erzählt."

„Was liest du denn da?" fragte Piddl, der rot wurde und nicht wußte, was er reden sollte.

„Oh, da sind Erzählungen von Nordpolreisen drin. Es ist sehr schön zu lesen."

Er schlug das Titelblatt auf und reichte Piddl das Buch hin.

Piddl blätterte darin und betrachtete aufmerksam die Abbildungen.

„Ich habe es schon ein paarmal gelesen", plauderte Anton. „Wenn du es auch mal lesen willst, leih ich es dir gern. Es macht Spaß, so hinauszufahren in die weite Welt, in Gedanken, weißt du, und dann da oben im Norden mit dem

Schiff im Eis festzufrieren und sich gegen die Kälte zu wehren und gegen die Stürme und die Eisbären."

„Ja, wenn du mir das Buch einmal leihen willst –"

„Nimm's nur gleich mit", forderte Anton ihn auf. „Ich hab noch mehr Bücher. In meiner Kammer habe ich sie. Ich nehme mir nachher ein anderes her."

Piddl dankte. „Ich leihe dir eins von meinen dafür."

Langsam wurde aus der neuen Bekanntschaft eine Freundschaft. Der fünfzehnjährige Anton in der Einsamkeit, zu der ihn seine Krankheit verurteilte, zog Piddl stärker und stärker an. Er fand bei Anton bereitwillig Antwort auf Fragen und Dinge, die ihn bewegten und über die ihm die Schule keine Auskunft gab.

Der Krüppel dagegen empfand die Anregungen, die ihm durch Piddl zuteil wurden, als wohltuend und belebend. In das stille und düstere Zimmer Antons, das nach dem Hof hinausging, den bald der Winter mit tiefem Schnee verschüttete, drang sonst kaum ein Laut. Um dem Knaben endlich eine Beschäftigung zu geben und ihn mit verdienen zu lassen, hatte man ihm eine Schreibmaschine gekauft. Und so saß er denn während der trüben Wintertage an seinem Tisch und fertigte die schriftlichen Arbeiten an, die ihm von einer Schreibstube aus zugingen. Unermüdlich bewegten die schmalen Hände mit den feinen blassen Fingern sich über die Tasten. Langsam und schleichend verging so der Tag. Desto schöner waren die Abendstunden, wenn Piddl zum Besuch herüberkam.

Er half ihm, die Abschriften zu vergleichen und zu korrigieren, und sein Kommen brachte jedesmal einen Hauch der kalten Winterluft mit ins Zimmer, in dem kaum mal die Luftscheibe geöffnet wurde, der Feuerungsersparnis wegen.

Diese abendlichen Gespräche dauerten mit der Zeit immer länger.

Der Krüppel hatte sich sein Zimmer ganz auf seine Weise eingerichtet, und Piddl war nirgends lieber als dort. Unter der Petroleumlampe, die an einem langen eisernen Draht nahe dem Fenster aufgehängt war, stand die Schreibmaschine. Rechts, auf der Kommode, befand sich die kleine Büchersammlung Antons, deren meiste Bändchen er so oft gelesen hatte, daß er ganze Stellen auswendig wußte. An der gegenüberliegenden Wand hing ein Vogelbauer mit einem Zeisig, den er einmal geschenkt erhalten hatte und den er mit rührender Sorgfalt pflegte. Er hatte den Vogel so an sich gewöhnt, daß er auf sein Locken aus dem geöffneten Käfig kam, auf seinen Finger hüpfte und ihm den Mohnsamen von der angefeuchteten Fingerspitze pickte.

„Wenn der Vogel zwitschert, ist mir immer, als wäre ich weit draußen im Wald", sagte Anton eines Abends zu Piddl, als er seine Papierbogen zusammengelegt hatte und die beiden Knaben wie sonst an dem niedrigen Tisch unter der Petroleumlampe saßen.

„Warst du einmal im Wald?" fragte Piddl.

„Ja, einmal bei einem Schulausflug. Die Jungens hatten mich in meinem Rollstuhl mitgenommen, und die großen mußten mich schieben. Wenn einer müde wurde, löste ihn ein anderer ab. Im Wald haben sie mich dann unter einen großen Baum geschoben, mich aus dem Wagen gehoben und ins Moos gesetzt. Ich habe den ganzen Nachmittag dort still für mich gesessen. Wie war es da schön. Ich werde es nie vergessen. Die Klasse war weitergezogen und sang nun drüben im Holz. Das klang herrlich herüber! Und ich war auch nicht allein. Ein Buchfink kam dicht an mich heran und pickte die Brotkrumen auf, die von meinem Butterbrot gefallen waren. Als ich nun den Zeisig kriegte, fiel mir gleich der Buchfink von damals wieder ein, und nun muß ich immer an den Wald denken, wenn der Zeisig da sitzt und singt. – Bist du auch mal im Wald gewesen?"

„Nein, ich bin nie mitgekommen. Ich hatte ja eine Arbeitsstelle, weißt du, und da kann man nicht einfach mal 'nen Tag wegbleiben."

„Mein Zeischen!" sagte der Krüppel zärtlich, ohne auf Piddls Worte sonderlich acht zu geben, und sah zu dem Vogel hinauf, der mit aufgeplustertem Gefieder auf seiner Stange saß und aus klugen schwarzen Augen auf die Knaben herunterblickte. „Im Wald war's für dich auch schöner als hier, nicht? Und wenn wir beide nicht so gute Freunde wären – was?" Er zwinkerte dem Vogel vertraulich zu, als verstände das Tier selbst das, was nicht einmal ausgesprochen wurde. – Antons Freundschaft wirkte auf Piddl wie ein Sonnenstrahl auf eine lichthungrige Pflanze, und er empfand es mit tiefer Dankbarkeit, wie der ältere, ihm geistig überlegene Freund auf das einging, was ihn bewegte. Der Tod seiner Mutter hatte allen Inhalt aus seinem Leben genommen, und was er in der ersten Zeit nach ihrem Tode gelitten hatte, hatte er niemand gezeigt. Jetzt trat ihm zum erstenmal eine Freundschaft entgegen.

Anton hatte den gelassenen, ruhigen Ernst eines Knaben, der immer auf sich allein angewiesen ist. Sein Wesen, ganz nach innen gedrängt, war feiner und reicher geworden, als es sonst bei einem Sechzehnjährigen möglich gewesen wäre, und aus den Augen, die aus seinem blassen Gesicht sahen, sprach eine milde Gelassenheit. Dann und wann aber kam doch eine Erbitterung über ihn, die desto mehr überraschte, als er sonst so ruhig und gelassen schien, von einer Freundlichkeit und Sanftmut erfüllt, die jeden für ihn einnehmen mußte. Vor allem konnte er es nicht ertragen, wenn über seine Krankheit gesprochen wurde. Das Mitleid anderer empfand er als etwas Quälendes, Unerträgliches, und nichts konnte ihn mehr erbosen als der wehleidige Wortschwall redseliger Frauen, die ihn zum erstenmal in seiner Unbeholfenheit sahen. Er wollte nicht als Ausnahme betrachtet sein, wollte angenommen sein, wie er nun einmal war, und wurde wütend, wenn man von dem

‚Unglück seiner Krankheit' und ‚seiner unglücklichen Zukunft' sprach.

Piddl schloß sich mit der Zeit immer inniger an ihn an, und es verging selten ein Tag, an dem er nicht wenigstens auf einen Augenblick in Antons Stube war. Am liebsten aber kam er zu den abendlichen Plauderstunden. Im Hause machte Anschützs Gegenwart ihm den Aufenthalt nicht gerade angenehm, und so tat er nichts lieber, als zu Anton hinüberzuschlüpfen, der ihn stets mit frohem Lächeln empfing.

An einem dieser Abende fiel dann zum erstenmal das Wort Gott.

Es war, als wenn ein Stein in ein stilles Wasser geschleudert worden wäre und nun die Ringe weiter und weiter lautlos über die ruhige Fläche gingen.

Piddl saß mit großen Augen da und sah auf seinen Freund, der mit einem Federmesser spielte und auf seine Hand blickte.

Er hatte im Religionsunterricht der Schule den Namen Gott gehört, wie ihn auch andere Kinder hörten. Das Wort ‚Gott' gehörte ja zum Unterricht. Es war eine Formel, ein Ding, das durch unzählige Schulantworten glattgeschliffen und wesenslos geworden, ein Name, der durch die Bibelgeschichten und die moralischen Belehrungen gegangen war, etwas Selbstverständliches und Inhaltloses. Aber kein Mensch hatte bisher sonst mit ihm von Gott gesprochen, von ‚seinem Gott' wie Anton Rolle, der Arme, der mit seinen gelähmten Beinen da vor ihm im Stuhl saß und nun schwieg und mit niedergeschlagenen Augen vor sich hinsah.

Es dauerte eine Weile, bis er fortfuhr:

„Also darüber mach dir nur keine Sorge, Piddl! Was aus mir wird, ist ja so egal. Viel tun kann ich ja überhaupt nicht. Ja, wenn ich gesund wäre! Aber ich komme ja mein Leben lang kaum aus dem Stuhl heraus, auf dem ich sitze.

Aber du! Du mußt etwas Rechtes werden! Etwas, was dir Freude macht, etwas, worüber du alles andere vergessen mußt!"

„Und du", sagte Piddl, „du willst dein Leben lang hier sitzen und abschreiben, und das immer wieder, jeden Tag?"

„Ich habe dir ja gesagt, daß niemand wissen kann, was morgen ist –!"

„Morgen? Dasselbe, was heute ist."

„Nun denn, was übermorgen ist", entgegnete Anton mit feinem Lächeln.

„Dasselbe, was morgen ist."

„Junge, was bist du doch für ein miesepetriger Kerl", rief der Krüppel ungeduldig. „Glaubst du denn, daß ich allein ausgeschlossen bin, daß für mich nichts los ist? Weißt du denn überhaupt, ob ich nicht noch einmal glücklicher werde als andere Menschen, froh, vergnügt und selig wie einer? He?"

„Ach, das möchte ich!" sagte Piddl und seine Augen glänzten.

„Na, ich auch", lächelte der. „Und wer weiß, ob das nicht so kommt. Gott wird mich nicht vergessen!"

Da war es wieder, das Wort Gott, das Piddl verstummen ließ. Er wollte fragen und kam doch mit keinem Worte aus sich heraus.

„Es gibt ja Menschen, die noch viel ärmer sind als ich", nahm Anton das Gespräch wieder auf. „Du liebe Zeit, da hättest du einmal mit mir im Krankenhaus sein sollen, damals, als ich operiert wurde. Da lag einer mit uns im Saal, der – aber ich will es dir lieber gar nicht erzählen."

„Nein, tu es nicht", bat Piddl. Das Wort ‚Krankenhaus' hatte die Erinnerung an den Tod seiner Mutter hervorgerufen, so daß er Mühe hatte, seine Bewegung zu verbergen.

„Meine Mutter ist im Krankenhaus gestorben", setzte er erklärend hinzu.

„Ja, ja, ich weiß wohl. Ich dachte nur im Augenblick nicht dran. Laß uns nicht weiter davon sprechen, wenn's dich traurig macht."

„Ich denk' mir", fuhr er fort, „wenn ich gesund gewesen wäre, hätte ich Lust gehabt, Seemann zu werden. Es muß herrlich sein, so dahinzufahren, in die Masten zu steigen, wenn das Schiff schaukelt, sich festzuhalten, wenn der Wind kommt, und dann zuletzt nach Hause zu fahren, wo man so lange nicht gewesen ist. Man kommt in die Tür und sagt: ‚Na, wie geht's denn noch?' Und beinahe erkennen sie einen nicht wieder, so braun ist man geworden."

Er lächelte und zeigte die schadhaften Zähne.

„Wozu hast du denn Lust, Piddl?"

„Ich?" sagte Piddl, „ich weiß nicht ..." Er war mit seinen Gedanken noch bei dem Gespräch von vorhin.

„Du mußt dir etwas Rechtes suchen. Du mußt mal darüber nachdenken."

„Sag mal", kam's nun aus Piddl heraus, stockend und zaghaft, „du mußt mir's nicht übelnehmen, daß ich frage, nicht? Du sagtest vorhin was von Gott."

„Ja, und was meinst du nun?"

„Glaubst du denn an den lieben Gott?"

„Ach so", sagte Anton, der den Zweifel in Piddls Worten spürte.

„Ob ich an den lieben Gott glaube? Du meinst, es wäre dumm, wenn ich daran glaubte?"

„Ich weiß nicht", antwortete Piddl ein wenig verwirrt.

„Und du? Du glaubst wohl nicht an Gott?"

„Ich. Ja, das weiß ich gerade nicht."

Anton lächelte.

„Na, und nun soll ich dir sagen, ob du an ihn glauben sollst oder nicht, was? Nee, mein Junge, da denk man selbst mal drüber nach. Das kann einem auch 'n anderer gar nicht sagen."

„Sag mir doch, was du meinst!" bat Piddl.

„Und wenn ich nun sage, ich weiß es auch nicht? – Weiß es denn überhaupt einer? Vorrechnen kann dir's keiner. Weißt du, wir haben unsern Lehrer früher in der Schule mal gefragt, ob er an Gott glaubt, und da sagte der, das wäre grade so, als wenn jemand in der Nacht auf ein dunkles Feld geführt wird und soll nun sagen, was er sieht. Er sieht aber nichts. Er kann sich wohl denken, daß da Kornfelder sein werden und hin und wieder ein Baum stehen wird. Denken kann er sich das wohl. Aber sehen kann er das doch erst, wenn's Morgen wird und die Sonne aufgeht. Es hilft ihm auch vorher nichts, wenn einer zu ihm kommt und sagt: ‚Ich glaube, da hinten liegt ein hoher, hoher Berg!' Er wird's doch nicht glauben, weil er's nicht sehen kann. Er wird wohl warten müssen, bis die Sonne aufgeht."

Piddl verstand, was Anton sagen wollte.

„Wann geht aber die Sonne auf?" fragte er.

„Ja, weißt du, wenn man nicht schlafen kann des Nachts, dann ist's einem gerade, als wenn die Nacht niemals 'n Ende nehmen will. Wenn man fein ruhig und geduldig ist, geht's viel schneller. So ist das hier nun auch. Dem einen ist die Nacht lang, dem andern ist sie kurz."

Das war nun nichts Festes, an das sich Piddl hätte halten können. Er hatte sich Antons Antwort anders gedacht. Ein einfaches ‚Ja' oder ‚Nein' wäre ihm lieber gewesen. Aber das Gespräch wirkte in ihm nach, wie ein Brocken Hefe in einem Teig. Er grübelte in den stillen Abendstunden vor dem Einschlafen darüber in seinem Bett, kam aber zu keiner Erklärung. Der unbefangene Kinderglaube von dem lieben und guten Gott, der die Menschen beschützte und ihnen beistand, wenn sie fromm und gut sind, war durch den Tod seiner Mutter ins Wanken geraten. Und doch konnte er nicht ohne innere Ergriffenheit an Gott denken, der unsichtbar und doch allgegenwärtig war, der voll unendlicher Güte und Liebe sein sollte und es doch zugelassen hatte, daß der Tod ihm seine Mutter genommen, gleichgültig und kalt, wie etwas Selbstverständliches.

Derartige Gedanken wirkten in ihm fort, machten ihn unsicher in sich selbst und unglücklich. Aber je häufiger seine Gedanken sich um Gott bewegten, unbeholfen wie junge Vögel, die leicht ermüden, wie sie ein Meer überfliegen wollen und keinen Platz zum Ausruhen finden, um so verschlossener wurde er. Er vermied es, darüber zu reden, und erwähnte auch Anton gegenüber nichts wieder von seinen Gedanken, seinen Zweifeln. Als er aber im folgenden Frühjahr in den Konfirmandenunterricht geschickt wurde, war sein Zweifel schon so stark, daß er sich innerlich gegen das wehrte, was er dort hörte, und die Gedanken gingen seltsame Wege. Was man ihm da von den Gestalten der biblischen Geschichte erzählte, ließ ihn kalt. Das meiste kannte er ja bereits aus der Schule. ‚Hier!' ‚Hier!' schrie es in ihm. Wie war es hier und heute denn mit diesem Gott, der einmal die Welt geschaffen und mit den Menschen gesprochen hatte wie mit seinen Kindern? Wo war er jetzt? Wo konnte er ihn finden? Warum kam er heute nicht mehr so offen wie früher zu den Menschen? Warum sprach er nicht auch zu ihm? Warum hatte er ihm noch nie geantwortet, wenn er ihn gerufen hatte in der Stille seiner Kammer? Warum ließ er soviel Leid über die Menschen kommen, und warum ließ er es zu, daß der arme Anton Rolle ein ganzes Leben lang gelähmt in seinem Sessel sitzen mußte?

Auf all diese Fragen gab es keine Antwort, die ihm hätte ein Fingerzeig sein können. Was der Pastor darüber sagte, das war nur so hergeredet, empfand er; der sprach immer wieder von dem unerforschlichen Ratschluß Gottes. Woher wußte der Pastor denn, daß es überhaupt einen Ratschluß Gottes gab? Das konnte jeder sagen. Hatte Gott beschlossen, jetzt keinem Menschen mehr zu helfen? Vielleicht waren es zuviel Menschen geworden auf der Erde? Oder sie waren nicht mehr so fromm wie in alten Zeiten?

Waren die Schwestern nicht fromm, die seine Mutter im Krankenhaus gepflegt hatten und ihn zu trösten versuchten, als sie gestorben war? War der Pastor nicht ein frommer Mann? Mußte Gott ihn nicht ganz besonders lieben, der jeden Sonntag in der hohen, kühlen Kirche von ihm predigte – und war nicht gerade er schon lange leidend, bis ins Mark krank, von Schmerzen gequält? Im Winter starb er.

Den Konfirmandenunterricht übernahm ein junger Hilfsprediger, der ernst und mit heiligem Eifer, ohne die Gelassenheit seines erfahrenen, ruhigen Vorgängers in den Unterricht kam.

Eine Begeisterung glühte in seinen Worten, ein heiliger Zorn in seinen Reden, wenn er über die Sündhaftigkeit der Menschen, über ihre Gleichgültigkeit und Heuchelei sprach, – und was keine Darlegung bisher vermocht hatte, keine fromme Betrachtung und die ganze Flut der biblischen Geschichten – die persönliche Überzeugung dieses Mannes, der von ‚seinem' Gott und ‚seinem' Glauben und ‚seiner' Überzeugung sprach, ließ das hungrige Herz des Knaben aufflammen. Wenn seine Zweifel auch nicht beschwichtigt wurden, so liebte er doch den jungen Geistlichen wie einen väterlichen Freund. Aber er sagte nichts davon, und durch nichts verriet er sich. Als aber der Hilfsprediger Ruhland versetzt und die verwaiste Pfarrstelle endgültig neu besetzt wurde, weinte Piddl nach der Abschiedsrede, die Ruhland im Konfirmandensaal vor seinen Zöglingen gehalten hatte, in der Dunkelheit der Gasse hinter dem Pastorenhause voll Schmerz und heimlicher Liebe.

18

Der Winter verging, und auf den Straßen lag der schmelzende Schnee wie ein schmutziger Brei. Der Wind blies feucht und warm durch die Straßen, und die Wolken flogen schneller unter dem Himmel hin, der so lange bleigrau, unbewegt und drückend über der Stadt gelegen hatte. Eines Morgens pfiffen die ersten Stare von den niedrigen Dächern der Vorstadt, und das rieselnde Schmelzwasser des Schnees troff und leckte in allen Gossen und pochte tickend die lauen Nächte hindurch in den Abflußrohren der Dachrinnen. In den Höfen kam stellenweise schon die nackte schwarze Erde zum Vorschein, feucht und weich. In den Arme-Leute-Straßen sah man hier und dort zum erstenmal wieder geöffnete Fenster und Türen, und es ging wie ein Aufatmen durch die dunklen Hinterstuben und Kellerwohnungen. Nirgends war man dankbarer für den kommenden Frühling als dort.

Aber für Anschütz brachte der Frühling trübe Tage.

Die Fabrik, in der er gearbeitet hatte, war plötzlich auf unbestimmte Zeit stillgelegt worden, und eines Abends kam er heim, schweigsam, in einem verhaltenen Zorn glühend, die Stirn in scharfe Falten gezogen.

Ohne ein Wort der Begrüßung ging er in die Küche, wo schon die Lampe auf dem Tisch brannte und das Abendbrot wartete.

Schweigend saß die Familie am Tisch, verstohlen den Vater musternd, von dem ein scharfer Branntweingeruch ausging. Die Kinder fühlten sofort, daß irgend etwas nicht richtig war. Aber keins sprach ein Wort.

Zuletzt brach die Mutter das Schweigen: „Wat hest du, Bernhard? Ick kann dat nich verknusen, wenn du rein garnix seggen deist", begann sie vorsichtig.

Aber sie bekam keine Antwort.

„Hest di argert?" fragte sie weiter und strich Fränzchen eine Brotschnitte.

Keine Antwort.

Herzklopfend sahen die Kinder auf die Wachstuchdecke des Tisches.

„Geit di dat nich goot?" fragte die Mutter, das Messer hinlegend.

Wiederum antwortete Anschütz nicht. Er saß in seinem Lehnstuhl, stützte den Kopf in die Hände und schützte die Augen mit der Hand gegen den Schein der Lampe. Unter dumpfem Schweigen verzehrten die Kinder ihr Abendbrot.

In Piddls Kehle saß es wie ein Knäuel. Er legte sein Brot hin und stand auf.

„Bistu all satt?" fragte die Mutter ihn leise.

„Ja", sagte Piddl. „Wenn Vater nicht sprechen kann, kann ich nicht essen."

„Wat scheert di dat, du Klookschieter?" brauste Anschütz nun auf.

„Nichts", antwortete Piddl, „aber ich kann nicht essen. Sonst sag' ich ja nichts."

„Hol du din Swiegstill!" schrie Anschütz wütend, mit einer Stimme, die wie ein Donner in die Stille schlug.

Piddl ging hinaus. Er wußte, daß er seinen Pflegevater nur noch mehr reizen würde, wenn er dablieb.

Anny und Fränzchen kamen ihm wenige Augenblicke später nach und stiegen stumm die Treppe hinauf, um sich ins Bett zu schleichen.

„Bleibst du noch auf?" flüsterte Anny Piddl zu, der vor der Treppe auf dem Flur im Dunkel stand.

„Ja", sagte Piddl leise, „geht nur. Ich will noch ein wenig hier unten bleiben. Wenn noch was passiert, ist es besser."

Drinnen brach plötzlich der ganze Ärger des Arbeitslosen los. „Verdammte Swienskram, wi komt to nix!"

„Nu vertell doch ins, wat is los?" fragte Frau Anschütz.

„De Fabrik hefft se tomakt. Wi köönt afmunstern, von

morgen bruukt nüms mehr hentogahn. Du kanns den Schmachtreem all torechtknütten."

„Och nee ook doch, Bernhard, och nee, nu dat noch!" jammerte Frau Anschütz.

„Nu fang du noch an to blaaren, Jaultrine!"

Piddl klopfte das Herz. Also das war es. Schlimme Tage würden kommen, das war sicher.

Zögernd trat er wieder in die Küche.

„Wein' doch nicht", sagte er zu seiner Pflegemutter. „Vielleicht fängt die Fabrik eher wieder an, als du denkst."

„Klookschieter!" schalt Anschütz verächtlich.

Piddl strich der Weinenden leise über die runzligen Bakken.

„Ihr habt doch das Pflegegeld für uns Kinder", sagte er, „so ganz schlimm kann's doch nicht werden."

„Davon können wir uns nicht mit fünfen sattessen!" weinte Frau Anschütz.

„Dann kann ich auch noch was mitverdienen."

„Nee, nee, bloß das nicht. Wenn der Vormund das merkt – nee, nee!"

„Der braucht's ja nicht zu wissen", redete Piddl ihr zu. „Ich sag's einfach nicht. Wenn ich nach Meyerdierks gehe, da kann ich jeden Tag wieder anfangen."

Anschütz lachte gezwungen und höhnisch, innerlich beschämt durch den Lebensmut des Jungen.

„Du warst dat woll weeten", rief er, „du Gröönsnabel."

Am nächsten Tage schon war er bei Meyerdierks.

Die Meisterin stand mit ihrer sauberen, weißen Schürze wie gewöhnlich hinter dem Ladentisch.

„Nanu?" sagte sie, „man sollt's nicht glauben, der Piddl! Läßt du dich wirklich noch mal sehen? Rein vergessen mußte uns haben, was?"

Sie führte ihn in die halbdunkle, kleine Stube, die zwischen dem Laden und der Bäckerei lag, lud ihn zum Sitzen ein, gab ihm eine Tasse Kaffee und schnitt ihm im Laden ein Stück von dem Butterkuchen ab, der am Sonntag keinen Käufer gefunden hatte und etwas altbacken geworden war.

Dann setzte sie sich ihm gegenüber und fing an, ihn auszufragen, mit einer mütterlichen Sorge und selbstverständlichen Freundschaftlichkeit, die Piddl wohltat.

Er gab denn auch über alles genaue Auskunft und kam danach mit seiner Absicht heraus, für einige Wochen wieder die Botendienste zu übernehmen.

Aber die Meisterin schüttelte den Kopf.

„Das geht nicht", sagte sie in ihrer bestimmten Weise. „Mindestens müßte dein Vormund dazu seine Erlaubnis geben, weißt du? Geh doch mal zu ihm und frag' ihn", ermunterte sie ihn.

Aber gerade dazu konnte sich Piddl nicht entschließen. Er hatte zu Dinghammer nie rechtes Vertrauen gehabt und wäre auch jetzt nur ungern hingegangen. Erlaubnis würde er ja schon bekommen, aber all das Fragen und Wichtigtun des Schuhmachers war ihm zuwider, ganz besonders, weil Klara vielleicht dabei zugegen war. Dinghammer hatte dann eine Weise, als wäre er der König von Indien. – Nein, bloß das nicht.

„Aber wir könnten es ja so machen", meinte die Meisterin, „du kannst ja alle Tage ein wenig herkommen und dem Gesellen in der Bäckerei helfen. Ich sag' dir keinen bestimmten Lohn zu. Weißt du, wenn du dann mal ausbleibst und nicht kommst, ist es nicht schlimm, und im übrigen werde ich es schon wieder gutmachen."

Sie packte ihm eine große Tüte voll altem Weißbrot ein und schickte ihn damit nach Hause. –

So ging Piddl nun an jedem Nachmittag für einige Stunden wieder zu Meyerdierks. Es gab nicht gerade viel dort für ihn zu tun. Er stand in der Bäckerei, schnitt die Zwiebäcke durch, die im Ofen geröstet werden sollten, schabte die gebrauchten Kuchenplatten rein und trug die fertigen

Backwaren für den Abendverkauf in den Laden. So konnte er doch täglich eine Tüte Weißbrot mit nach Hause tragen und sonnabends eine besondere Belohnung.

Seine Pflegemutter floß über von Dankbarkeit.

Auch sein Verhältnis zu Anschütz besserte sich jetzt allmählich. Die erzwungene Nüchternheit, zu der sich der Arbeitslose verurteilt sah, ließ ihn die Dinge klarer sehen, und seine bisher nur durch den Schnapsgenuß übelbeeinflußte, im Grunde gutmütige Natur kam allmählich wieder zum Vorschein. Trotz der Notlage, in der sich die Familie befand, herrschte doch jetzt Ruhe und Frieden im Hause.

An einem Sonnabendabend kam Piddl später als sonst nach Hause. Er hatte eine Besorgung für die Meisterin übernommen gehabt und war dadurch in den Stadtteil geführt worden, in dem seine Mutter und er früher gewohnt hatten.

Die Winkelgasse lag still und tot. Zögernd, beinahe scheu ging Piddl hindurch. Bei Dinghammers brannte noch Licht. Der Vorhang vor dem Fenster in der Vorderstube war nicht ganz heruntergelassen, Piddl konnte Frau Dinghammer am Tische sitzen und nähen sehen. Der Meister

hämmerte dicht unter dem Fenster an einem Stiefel, den er mit einem Riemen auf dem Knie festhielt. Klara war nicht zu sehen. Deutlich klang das Klopfen des Schusterhammers auf die stille Gasse hinaus. Langsam ging Piddl weiter. Im nächsten Hause hatte er mit seiner Mutter gewohnt. Dort war jetzt alles dunkel und still. Hell fiel der Schein der Gaslaterne auf den Eingang zum Kellergeschoß. Ein weißer Zettel klebte hinter den Scheiben des Fensters in der Vorderstube, hinter dem er so oft gesessen hatte.

„Minna Schreyber, Friseuse", stand darauf.

Piddl ging rascher. Ein Gefühl der Beklommenheit engte ihm die Brust ein. Ihm war, als sei er hier seit Jahren schon ein Fremder.

Am Ausgang der Straße stieß er unvermutet auf Klara.

Mit einem Körbchen am Arm, ein Tuch um die Schultern geschlungen, stand sie plötzlich vor ihm.

„Nein", rief sie verwundert und freudig erstaunt. „Piddl! Bist du bei uns gewesen?"

Piddl schüttelte den Kopf.

„Wie geht's dir denn?"

„Nun, und dir?"

„Gut, denk mal, ich habe jetzt eine Stelle!"

„Wo denn?"

„In der Braunschweiger Straße!"

„Mh?"

„Jeden Nachmittag gehe ich hin, bis zum Abend, weißt du, es sind zwei Kinder da, mit denen muß ich spielen, Erna und Frieda. Und wenn der Sommer kommt, soll ich auch mit ihnen ausfahren. Ich freue mich so! Jeden Monat krieg ich sechs Mark, denk mal! Mutter hat sich auch so gefreut."

„Sechs Mark", sagte Piddl. „Das ist viel Geld!"

„Nicht wahr? Und Vater hat auch die Stiefel zu machen gekriegt von den Leuten. Hier habe ich wieder 'n Paar!"

Sie nahm den Deckel von ihrem Körbchen und ließ Piddl hineinschauen.

„Warum kommst du denn gar nicht mal zu uns? Jeden Sonntag haben wir auf dich gewartet. Vater hat schon gescholten, daß du dich gar nicht einmal sehen läßt. Paß auf, bald kommt er mal und schilt dich aus. Komm, ich gehe noch ein Stück mit dir. Ich habe noch Zeit. Wie spät ist es wohl?"

„Es ist schon neun Uhr vorbei."

„Schadet nicht! Komm, laß uns hier herumgehen!" Sie faßte ihn an die Hand und zog ihn in die Krumme Gasse, die hinter der Winkelgasse herumlief.

Klara plauderte ununterbrochen.

„Oh, ich freue mich", rief sie, „Ostern übers Jahr komm ich aus der Schule. Denk mal, bei Neubauer kriegen die jungen Mädchen von Anfang an schon vierundzwanzig Mark im Monat." Neubauer war eines der ganz großen Warenhäuser im Mittelpunkt der Stadt.

„Willst du denn da Verkäuferin werden?"

„Ich weiß noch nicht. Vielleicht komm ich auch in ein Putzgeschäft. Früher hat Vater es immer gesagt. Was willst du werden?"

Piddl zuckte die Achseln.

„Hör mal, nächsten Sonntag mußt du aber bestimmt kommen. Ich habe den Sonntag frei – du kommst doch, nicht?"

„Warum denn gerade am Sonntag?"

„Na", sagte Klara, stieß ihn mit dem Ellbogen und sah ihn kichernd von der Seite an.

Piddl guckte sie an, ohne zu begreifen.

„Ich habe doch Geburtstag", platzte sie da heraus.

Piddl wurde dunkelrot; er wußte selbst nicht, warum.

„Nein", sagte er, „da komme ich nicht."

„Aber warum denn nicht?"

„Deine Freundinnen sind dann da, und – nein, also wart nicht auf mich."

„Tu's doch", bat sie. „Du brauchst ja nicht am Nachmittag zu kommen. Grete Lenz und Frieda Söth kommen ein bißchen, aber die gehen schon früh wieder weg!"

Klara war stehengeblieben und schaute fragend auf Piddl, der vor ihr stand, die Hände in den Taschen vergraben, und an ihr vorbei in das Licht der nächsten Laterne blinzelte.

„Warum willst du denn nicht?"

„Nein, lieber nicht", sagte er eigenwillig.

„Dann komm doch am Abend vorher!"

„Ich kann dir doch nichts schenken!" stieß er da heraus und klopfte mit dem Absatz auf die Straße.

„Aber das schadet ja gar nichts!" antwortete sie. „Ich weiß ja, daß du das nicht kannst."

Langsam gingen sie weiter. Von der Krummen Gasse bogen sie durch eine der schmalen Straßen ab, die zum Fluß hinunterführte, der groß, breit und schwarz mit glitzernden Lichtern auf seinem dunklen Spiegel tief unter dem steinernen Bollwerk der alten Packhäuser hinfloß.

Im Dunkel der Straße, die einsam und still wie ausgestorben dalag, blieben beide stehen und schauten auf das Wasser, das mit leisem Rauschen an der Böschung vorüberdrängte. Langsam gingen sie weiter bis zu der nächsten Steintreppe und setzten sich schweigend nebeneinander auf den Stufen nieder.

„Warum kommst du eigentlich so wenig mehr zu uns?" fragte Klara.

„Ich mag nicht immer", antwortete Piddl.

„Vater meint es aber doch gut mit dir."

„Ja, das glaub' ich wohl."

„Ich denke oft, wenn du doch mal ein bißchen kämst."

„So?"

„Es war doch immer so schön, wenn wir zusammen spielten, früher, weißt du noch?"

„Ja."

„Am schönsten spielten wir immer in eurem Hof. Damals, als die Sonnenblume blühte.

„Das ist lange her."

„Ja, so lange schon."

„Weißt du's noch?"

„Ja. Genau genug."

„Es war doch schön, nicht?"

„Ja, schön war's."

„Weißt du noch, daß ich damals deine Braut geworden bin?"

„Ja, ich weiß es noch. Aber sag' jetzt nichts mehr davon."

„Warum soll ich denn nichts mehr davon sagen?"

„Wir sind doch heute keine Kinder mehr!"

„Ach du!" sagte Klara und stieß ihn mit dem Ellbogen. „Magst du mich denn nun nicht mehr leiden?"

Er fühlte ihren warmen Atem seine Backe streifen und spürte, wie sein Blut zum Herzen drängte. Er fühlte, daß er nicht antworten könne, preßte die Lippen zusammen und sah steif geradeaus, über den Fluß hin, der mit leisem Gurgeln zu seinen Füßen vorbeizog.

„Da ist doch nichts dabei", fuhr Klara fort. „Meine Freundinnen haben alle einen Bräutigam. Frieda Söth und Grete Lenz auch."

„Laß uns nach Haus gehen, komm", flüsterte er und stand auf.

„Und zu meinem Geburtstag willst du auch nicht kommen?" stieß Klara ärgerlich heraus. „Geh nur allein! Ich bleibe noch sitzen."

„Nun bist du mir böse?"

„Ach, laß mich zufrieden!"

„Sei doch wieder gut, Klara, ja?"

„Kommst du denn am Sonnabend?"

„Willst du mir einen großen Gefallen tun?"

„Na?"

„Red' nicht weiter davon!"

„Es wäre doch so hübsch", begann sie wieder. „Du brauchst mir wirklich kein Geschenk mitzubringen. Du hast mir ja schon früher so viel geschenkt!"

Nun war er ärgerlich.

Schweigend gingen sie zusammen die Straßen bis zur Winkelgasse hinauf. An der Ecke blieb er stehen.

„Bist du böse?" fragte sie, als er, das Gesicht halb abgewendet, ihr die Hand zum Gutenachtgruß hinhielt.

„Böse? Nein, warum?" kam es mürrisch von ihm zurück.

„Weil – ich weiß nicht", sagte sie, „aber ich glaube doch, du bist böse."

„Unsinn", sagte Piddl mit gerunzelter Stirn und blickte an ihr vorbei.

„Ach du!" flüsterte Klara, küßte ihn blitzschnell auf die Backe und lief die Gasse hinauf. „Gute Nacht, Piddl", rief sie kichernd und winkte ihm von der nächsten Laterne aus. –

Piddl war rot geworden. Ohne zu antworten, wandte er sich um und stapfte die Gasse hinauf.

Zu Hause hatte man ihn schon erwartet.

„Hat lange gedauert, heute abend", sagte Anschütz, der in der Küche saß und Kartoffeln schälte.

„Ist es schon zehn?" antwortete Piddl. Er wollte eine Entschuldigung vorbringen, fühlte aber, daß er lügen würde, wenn er sprach, und schwieg darum.

Die Geschwister schliefen schon.

Lange lag er noch in seiner Kammer wach und grübelte.

Ein unklares Gefühl erfüllte ihn, halb Freude, halb Ärger und Scham.

Dann war also Klara doch seine Braut! Hoffentlich sagte sie es keinem. Die Jungen würden ihn schön auslachen, wenn sie es erfuhren.

19

Der Sommer kam mit schwülen, heißen Tagen, rollenden Gewittern, rauschenden Regengüssen, blauen Ferientagen und dem überwältigenden Ereignis eines dreiwöchentlichen Landaufenthalts.

Der Schularzt hatte diesmal Piddl in erster Linie vorgeschlagen, als man die Kinder für die Verschickung in die Ferienkolonien ausgesucht hatte, und wirklich wurde Piddl – der bis zum letzten Augenblick daran gezweifelt hatte – zu Beginn der Sommerferien zu einer Anbauernfamilie in Kuhstedt in Pflege gegeben.

Wochenlang vorher ging er wie im Traum umher.

Es war ja etwas schier Unglaubliches, etwas, das sich noch im letzten Augenblick in nebelhaften Dunst auflösen würde, etwas, das schön war wie ein Märchen, das aber so unmöglich zu erreichen war wie die Schätze in Aladins Wunderreich.

Dann kamen die Aufregungen des Packens und des Abschiednehmens.

„Bring' mir einen Heideblumenstrauß mit", bat Anton Rolle ihn, der wie immer hinter seiner Schreibmaschine saß und ihm lächelnd die Hand drückte, als Piddl hinkam, um ihm für die nächsten Wochen Ade zu sagen.

Am nächsten Morgen, einem wunderschönen Julimorgen, der wie aus eitel Gold gewoben über die Erde kam, fuhr Piddl mit den übrigen Pfleglingen mit der Bahn bis Brahmloh.

Durch unermeßliche Kornfelder fuhr der Zug, durch Rüben- und Kartoffeläcker. Der Himmel lag wie eine große blaue Glocke über der Erde, die Räder rollten und stampften, und die Lokomotive pfiff gellend in die Morgenstille. Nun grüßten die ersten Föhrenwälder herüber, und plötzlich fuhr der Zug durch die stille braune Heide.

Piddl saß und staunte, herzklopfend und schüchtern in eine Ecke gedrückt.

Wie einem Vogel war ihm zumute, der, im Käfig geboren, nach Jahren heute zum ersten Male die freie Luft unter seinen Schwingen fühlt und nicht weiß, was er vor Freude nur beginnen soll.

Drei Knaben und zwei Mädchen waren mit in demselben Wagen. Ein Lehrer begleitete sie. Mit innerer Freude die erstaunten Gesichter der Kinder musternd, rief er ihnen die Namen der Stationen zu und zeigte ihnen, was es Merkwürdiges vom Fenster aus zu sehen gab, einen Bauern, der mit einem Paar Ochsen ein Stoppelfeld pflügte, Schnitter, die ins Feld zogen, eine Rinderherde, die, mit großen Augen glotzend, den Zug vorüberrattern ließ, und dann hinten in der Heide auf einer Blöße zwischen den Föhrenkämpen ein paar Rehe. Ganz ruhig standen sie da und äugten den Zug an.

Dann kam Brahmloh, und die Kinder stiegen aus.

Auf dem Bahnhof wartete schon eine Reihe von Bauern, ihre Pfleglinge in Empfang zu nehmen, die meisten mit einem Ackerwagen, um die kleinen Reisebündel ihrer Pfleglinge mitnehmen zu können.

Hier teilten sich die Wege, und wenige Minuten später saß Piddl neben einem grauhaarigen, sonnenverbrannten Bauern auf dem Strohsack eines rumpelnden Gefährts.

Es war ein langer, sandiger Heideweg, den der Wagen fuhr. Weißstämmige Birken hingen mit langen, leise schwingenden Zweigen über den Wegrand, und im strahlenden Blau des Himmels schwammen kleine weiße Wolken wie Kähne mit weißen Segeln.

Wunderschöne Erlebnisse begannen mit diesem Morgen, die sich aneinanderreihten, als sei das Leben plötzlich zum Märchen geworden.

Weidende Schafherden gab es, kläffende, zottige Hunde, strumpfstrickende Schäfer mit verwitterten Gesichtern unter breitkrempigen Hüten und in alten, geflickten Mänteln, unendliche Stille und heimliches Rauschen des Windes in dunklen, einsamen Föhrenschlägen, Ameisengekribbel auf dem Boden, Bienengesumm in Sträuchern und Heidebüschen. Ernteleben auf wogenden Kornfeldern, über deren blassem Gelb der blaue Sommerhimmel wie aus Stahl gehämmert stand, Sonntagmorgenstille mit halb verlorenen, schwingenden Glockenklängen, Regentage und heimlich blinkendes Herdfeuer auf offener Diele, blauer, schwelender Torfrauch unter den Eichenbalken der breiten Viehdiele, Harmonikaklänge an stillen Abenden und Lieder der jungen Magd, die das Herz bewegten und seltsam die Brust beengten, Lerchenlieder in früher Morgenstille, saftiges Bauernbrot und kühle Milch in großen Schalen, Mittagessen aus gemeinsamer Schüssel, die ersten Äpfel von kleinfrüchtigen Apfelbäumen, halb reif und von herber Süße, vorjährigen Honig und frisches, dunkles Roggenbrot, Rindergebrüll und Pferdegewieher, Fallenstellen auf Marder und Iltis, Schwalbengezwitscher und Storchgeklapper, schwüle, heiße Mittagsstunden unter breitschattigen Apfelbäumen – das Leben schien plötzlich vertausendfacht zu sein. Jeder Tag brachte eine neue Offenbarung, und Piddls armes kleines Herz, das die Mauern der Großstadt in dumpfem Druck gehalten hatten, atmete auf und schlug leichter und freier mit jedem Tag. Er lief wie ein Träumender durch all die Sommerpracht und irrte wie ein Verzückter stundenlang allein durch die Föhren- und Eichenschläge, die hinter dem Hause waren, das unter seinem breiten, alles beschützenden Strohdach einsam und weltverlassen in der stillen Heide lag.

Zum erstenmal in seinem Leben erkletterte Piddl einen Baum. In der fernsten Ecke des Obstgartens, weit vom Hause entfernt, stand ein alter Apfelbaum, der seinen Stamm schief über den grasbewachsenen Grund hinreckte, um dann seine Krone mit breit ausladenden Zweigen in die blaue Sommerluft zu heben.

In einer Astgabel dieses Baumes saß Piddl am liebsten. Ganz leicht schaukelte der Baum, wenn er hineinstieg. Dort oben aber versank die ganze Welt in einem Blättermeer, und Piddl saß da, hörte dem leisen Spiel des Windes in den Zweigen zu und lauschte dem Buchfink, der im Baum nebenan seine Strophen schmetterte.

Ach ja, es war kein Zweifel, er war verzaubert worden! Eine gütige Fee hatte ihn in ein Wunderreich entführt und schüttete nun ihre Gaben in märchenhafter Fülle auf ihn herab.

Gold schenkte sie ihm in solcher Fülle, daß er kaum genug davon nehmen konnte. Rieselnd rann es durch die Zweige des Apfelbaumes und füllte noch seine geschlossenen Augen mit rötlicher Glut. War die Honigschüssel drinnen auf dem Eichentisch des Bauern nicht süßer als die kostbarsten Schalen auf dem Tisch des Königs? War er nicht frei wie ein Vogel, ungebunden und los wie eines der Rehe auf der weiten braunen Heide da draußen? War sein Sitz hier oben auf dem sich leise bewegenden Ast des alten Apfelbaums nicht schöner als der perlenbesetzte Thron einer Märchenprinzessin?

„Piddl, rinkamen, wat eten!" scholl da die Stimme der Bäuerin vom Haus her, und Piddl kletterte schnell wie ein Wiesel aus dem Baum, lief lächelnd durch das feine, dünne Gras, das unter den Bäumen des Obstgartens wuchs, und setzte sich, die Mütze in der Hand, hinter den Eichentisch in der kühlen Dönze, auf dem das Mittagessen in großer, breiter Schüssel dampfte.

—— 20 ——

Als Piddl aus den Ferien zurückkehrte, fand er in dem Haus seiner Pflegeeltern alles unverändert, und während er dasaß und erzählte, was er an Sonnenschein und frohen Tagen erlebt hatte, konnte er die bittere Empfindung nicht loswerden, daß es unrecht von ihm gewesen war, glücklich zu sein, während zu Hause Sorge und Kummer mit dumpfem Druck auf allen lasteten. Immer einsilbiger und stiller wurde er, und als er am Abend zum erstenmal wieder in seine enge, kleine Kammer trat, lag es wie ein Alp auf ihm, als wenn die ganze Last an Sorgen und niederdrückenden Gedanken, die in dem kleinen Hause täglich neu gedacht wurden, sich auf ihn gelegt hätte und ihn langsam erstickte.

Anschütz hatte noch keine Arbeit wieder. Er hatte den ganzen Abend, trübe vor sich hinstarrend, in der Hinterstube gesessen, hatte den Erzählungen Piddls zugehört, war zuweilen leise seufzend aufgestanden und hatte mit einigen Schritten stumm das Zimmer durchmessen, um sich dann wieder in seine Ecke zu setzen.

Das Gute war, daß Anschütz nicht trank, nun er ohne Arbeit und Verdienst war. Aber grau, unter schleppendem Gleichmaß, vergingen die Tage, und scheu und gedrückt gingen die Kinder aus und ein. Es war, als wenn ein Toter

im Haus wäre. Kein Lachen, kein lautes Wort scholl durch das Haus. Die Sorge des stummen, von heimlicher Unruhe und Sorge gequälten Mannes, der in der Hinterstube auf und ab ging, seufzte und wieder auf und ab ging, tagein,
5 tagaus, lag auf allen mit bangem Druck.

Die Fabrik war längst wieder in Betrieb, aber Anschütz war nicht wieder eingestellt worden. Warum – wußte niemand, außer Anschütz selbst, der nicht darüber sprach und das Unausgesprochene hinter seiner von schweren Sorgen-
10 falten durchfurchten Stirn verbarg.

So verging der Sommer und machte einem regnerischen, trüben Herbst Platz, der das Laub von den Bäumen zerrte, mit scharfem Zug durch die Straßen fegte und des Abends mit pfeifendem Sausen über die Dächer fuhr.

15 Es ging wie ein Aufatmen durch das ganze Haus, als Anschütz endlich im Herbst wieder Arbeit bekam. Er war nach unzähligen vergeblichen Wegen und nutzlosen Bemühungen bei einer Arbeitskolonne eingestellt worden, die am Hafen beim Löschen der Frachtschiffe beschäftigt wur-
20 de. Schweißbedeckt von der ungewohnten Arbeit kam er des Abends heim, bestaubt und schmutzig, kleine Riß- und Quetschwunden an den Händen, die er sich beim Hantieren an den mit scharfrandigen Blechstreifen benagelten Kisten und Fässern geholt hatte.

25 Alle waren um ihn beschäftigt, wenn er abends heimkam. Anny hatte das Waschwasser schon für ihn bereitgestellt, und Piddl prickelte ihm beim Schein der Küchenlampe mit feiner Stecknadel die Holzspänchen aus den Händen, die er sich bei der Arbeit hineingestoßen hatte. Die
30 Brotschnitten wurden allmählich wieder dicker, die Mahlzeiten reichlicher, und langsam wich das graue Gespenst der Sorge wieder aus dem kleinen Haus, in dem es so lange mit seiner dumpfen Gegenwart alles bedrückt hatte.

Aber allmählich mischte sich in den Atem des Vaters
35 wieder jener Geruch, der wie ein Gifthauch von ihm aus-

ging und die stille Zärtlichkeit, die ihm entgegenwuchs, wieder tötete, der Geruch des genossenen Branntweins.

Im Frühling des folgenden Jahres wurde Piddl konfirmiert.

Es war an einem feuchtkalten Märzmorgen. Noch lag der letzte Schnee auf den Straßen, zusammengetreten und zu einer schwarzen Kruste erstarrt, die an jedem Tag unter der Mittagssonne zu schmelzen begann, um in der folgenden Nacht von neuem zu gefrieren.

Die Luft war klar und scharf, und selbst des Mittags, als Piddl mit seiner Mutter aus der Kirche heimkam, wehte ein kalter, schneidender Wind, gegen den die Sonne, die unter lichten, ziehenden Wolken am Himmel stand, nicht aufzukommen vermochte.

Frau Anschütz war stolz und froh zumute. Ihr war, als wenn sie ein eigenes Kind zur Konfirmation begleitet hätte, und mit stiller Zärtlichkeit blickte sie auf Piddl, der in seinem schwarzen Anzug, dem steifen Konfirmationshut auf dem Kopf, neben ihr ging. Der Anzug war ihm zu groß, gewiß, die Ärmel drängten sich wirklich zu weit über die Hände. Aber es war doch wahrscheinlich, daß Piddl in den nächsten Jahren ins Wachsen kam, und dann würden ihm die Ärmel bald zu kurz geworden sein, wenn man sie so genommen hätte, wie sie jetzt eigentlich hätten sein müssen.

Still ging Piddl neben ihr, das Gesangbuch in den von der Kälte rot angelaufenen Händen. In seinen Ohren lag noch der Klang der Orgel, die mit mächtigem Brausen das hohe Kirchenschiff erfüllt hatte. Traurig dachte er an seine Mutter, die heute den größten Freudentag ihres Lebens gehabt hätte, wenn er ihr geschenkt worden wäre.

Vorhin, während des Abendmahls, hatte er immerfort an ihr Begräbnis denken müssen, und der in feierlichen Akkorden verhallende Choral auf der Empore der Kirche hatte ihn mit schier überirdischer Gewalt durchschauert. Ihm war, als trete jemand zu ihm, fasse ihn bei der Hand und führe ihn fort. Langsam war die Kirche um ihn versunken. Die Stimme des Geistlichen klang aus weiter Ferne zu ihm herüber, dunkel und unverständlich. Dann sah er sich über eine Wiese gehen. Ein schmaler Weg führte zu einem Berg hinauf, und er stieg und stieg. Eine klare, reine Luft umgab ihn, und obwohl er niemand sah, meinte er doch, es sei jemand neben ihm und führe ihn aufwärts. Immer freier und leichter war ihm geworden. Ein paar Bäume standen am Weg, schlank und hoch und feierlich still wie ein paar Säulen, unbeweglich in der stillen Luft.

Er war froh und selig wie in seinem Leben nicht. Er hätte immerfort so weitergehen mögen, höher und höher. Plötzlich hörte er dann einen Gesang über sich erklingen, weit entfernt, von wunderbarem Wohlklang. Aber nirgends war ein Sänger zu sehen. Ihm war, als habe die Stille um ihn herum ihre Stimme erhoben und singe.

Da hatte ihn plötzlich sein Nachbar am Ärmel gezupft und geflüstert: „Du, Piddl, wir sind dran!" Und stolpernd war er aus der Kirchenbank getreten und war auf den Altar zugeschritten, Brot und Wein zu empfangen, zitternd vor Aufregung und Verwirrung, einen faden, sonderbaren Geschmack im Munde, den er jedesmal spürte, wenn er sehr aufgeregt war. Kühl wie das Wasser einer Waldquelle hatte dann der Wein seine trockenen Lippen berührt, und mit unsicheren Knien und klopfendem Herzen war er nach dem Empfang des Brotes auf seinen Platz zurückgeschritten, befangen und wie im Traum.

Zu Hause empfing Anny die Heimkommenden mit verweinten Augen. Das Mittagessen, ein Topf voll Erbsensuppe, war ihr auf dem Feuer verbrannt. Ärgerlich schimpfend stand Anschütz in der Küche, das Gesicht von Zorn und Branntwein gerötet.

„Wat löppst du ook mit no Kark hen!" schrie er wütend, als er seine Frau eintreten sah. „De ganze Afkensupp is to'n Dübel! Rük mal, stinkt as Aoskram!"

Er nahm den Topf und warf ihn sinnlos vor Ärger in den Spülstein, daß die Schüssel zerbarst und die Kinder laut aufweinend aus der Küche liefen.

Piddl stand bleich wie ein Toter und sah auf seine Pflegemutter, die mit zitternden Händen Brot und Butter auf den Tisch stellte und mit weinerlichen Worten ihren Mann zu beruhigen versuchte.

Aber der hörte auf nichts, griff ärgerlich nach seiner Mütze und verließ, die Tür hinter sich zuschlagend, das Haus.

Lähmende Stunden voll Unruhe und Sorge, was der Abend bringen werde, wenn der Vater heimkam, folgten dem kärglichen Mittagbrot, während der Himmel sich mehr und mehr bezog und bleigraue, schwere Wolken vom Wind herangewälzt wurden, die ein stumpfes Licht über die Gassen breiteten.

Am Nachmittag besuchte Piddl das Grab seiner Mutter.

Es lag in einer jener unendlichen und unübersehbaren Reihen, Grab an Grab, zwischen denen der Fuß nur eben Platz zum Durchschreiten fand.

AIC 1317 stand auf dem Stein, der die Stelle bezeichnete.

Ein Gefühl unendlicher Verlassenheit beschlich den Knaben, als er vor dem Hügel stand. Ein dichter grauer Regen begann vom Himmel herabzurieseln und trommelte leise auf seinen Schirm.

Ein paar Efeuzweige, die er im vorigen Sommer auf das Grab gepflanzt hatte, hatten lange Schösse getrieben, die nun, vom Winde zerzaust, halb auf dem Wege lagen. Das Fuchsienstämmchen, das seine Mutter so lange gepflegt und das er hierher gepflanzt hatte, schien erfroren zu sein. Mit nackten, sperrigen Zweigen stand es am Kopfende des Grabes und streckte sich in die nasse, windige Luft. –

Als er heimkam, war Klara da. Sie hatte ihm einen Topf blühender Krokusse gebracht, die mit zartem Lila aus der grünen Umhüllung des Topfes hervorsahen.

„Ich gratuliere dir", sagte sie, als er hereinkam, und schaute ihn lächelnd an.

„Die Mutter schickt dir die Blumen", setzte sie hinzu und freute sich, wie seine Augen glänzten, als er das Töpfchen behutsam in die Hand nahm und betrachtete.

„Bist du auch schon konfirmiert?" fragte er.

„Am nächsten Sonntag", rief sie fröhlich. „Denk mal, ich komm nun doch in das Putzgeschäft von Hermes, Mutter hat mich angemeldet, und ich bin angenommen. Was wirst du?" fragte sie.

„Ich gehe zur Werft", sagte Piddl.

„Ach, – zur Werft? Da wirst du es aber sauer haben."

„Meinst du? Es wird nicht so schlimm werden. Aber verdienen tue ich gleich vom ersten Tag an."

Frau Anschütz brachte Kaffee und Gebäck, und alle setzten sich an den Tisch. Auch Anny und Fränzchen mußten heranrücken. Da klopfte es. Es war Anton Rolle, der auf seinen Krücken gekommen war, um Piddl Glück zu wünschen. Piddl sprang auf, um ihm beim Hinsetzen zu helfen, aber Anton hatte sich schon auf den Stuhl neben der Türe niedergelassen, nahm die Krücken unter den Achseln weg und schüttelte Piddl die Hand.

Piddl strahlte vor Freude. Die Anteilnahme Antons und Klaras war wie ein unvermuteter Sonnenstrahl in die trüben Stunden dieses Nachmittags gefallen.

Er lächelte verlegen in sich hinein, nötigte unausgesetzt zum Kaffeetrinken, trank zwischendurch selbst, verschluckte sich, mußte husten und lächelte dann wieder.

Frau Anschütz sah zu, wie die Kinder aßen und tranken, aber trotzdem wollte in ihr keine rechte Heiterkeit aufkommen. Immer wieder mußte sie an den Abend denken, wenn ihr Mann heimkehren würde.

„In der nächsten Woche geht's wohl schon los auf der Werft?" erkundigte sich Anton.

Piddl wurde ganz aufgeregt. „Am Montag", rief er.

„Weißt du, ich fang mit Nietenwärmen an. Ich komm aber später in die Schlosserei, an den Schraubstock, und später auch an die Drehbank. Die wird elektrisch getrieben, weißt du. Karl Grützinger hat mir davon erzählt; der arbeitet schon zwei Jahre da."

„Dann hast du ja gleich einen Kameraden!"

„Ja, ja", rief Piddl und fühlte, wie die Blicke der übrigen bewundernd auf ihm ruhten.

„Eine blaue Schürze kriegt er vor", rief Anny und holte aus der Kommode eine nagelneue Arbeitsschürze hervor, mit Messingkettchen und großer, aufgenähter Tasche, wie sie die Schlosser und Tischler trugen.

Es half nichts, Piddl mußte die Schürze zum Spaß vorbinden. Dann griff er übermütig nach seiner Mütze, setzte sie schief aufs Ohr und rief, die Mütze lüftend: „Guten Tag, Frau Anschütz, ist was kaputt im Hause?" –

Am Abend kam Anschütz ohne Gruß wieder heim und ging in die Küche, um sich dort unter der Wasserleitung zu waschen.

Als Ersatz für das ausgefallene Mittagessen hatte die Mutter ein warmes Essen für den Abend gemacht und trug nun, heimlich zitternd, die Schüsseln auf.

Schweigend setzten sich alle zu Tisch und warteten auf den Vater, der in die Kammer gegangen war und eigensinnig das Essen verschmähte. Niemand mochte gehen, ihn zu bitten, und als das Fränzchen, mit dem er immer am freundlichsten war, zu ihm geschickt wurde, schob er es ohne ein Wort wieder zur Kammertür hinaus. Ohne gegessen zu haben ging er zu Bett, und seine Gegenwart lag nun wie eine drohende Gewitterwolke, die sich nicht entladen wollte, über dem Haus.

Anton und Klara waren längst fortgegangen, um nicht mit Anschütz zusammenzutreffen. Klara hatte den unglücklichen Abend, an dem Piddl mit Anschütz den Zusammenstoß gehabt hatte, noch nicht vergessen, und Anton wußte, daß Anschütz nicht gern Besuch im Hause sah.

Als Anschütz dann nach einer halben Stunde, die alle mit heimlichem Herzklopfen durchwartet hatten, noch nicht zu Tisch gekommen war, lauschte Frau Anschütz an der Kammertür und merkte, daß er zu Bett gegangen war.

Stumm begannen darauf alle die bereits kalt gewordene Suppe zu essen.

Bekümmert sah Piddl zwischendurch zu seiner Pflegemutter hinüber, die vergrämt und still hinter ihrem Teller saß und den Löffel bereits wieder weggelegt hatte.

Als Anny dann den Tisch abräumte, ging er zu ihr hinüber, streichelte ihr die Backe und wollte ihr Trost zusprechen.

Aber er merkte, daß er jetzt nichts sagen dürfe, wenn er nicht selbst in Tränen ausbrechen wollte, und ging darum ohne Gruß hinaus und stieg eilig in seine Kammer hinauf.

Oben lag er still in seinen Kissen, ohne einschlafen zu können. Der verflossene Tag wollte ihm nicht aus dem Sinn. Er mußte hier helfen! Den Gedanken wurde er nicht los. Er würde ja jetzt selbst verdienen! Verdienen und groß werden war nun sein einziger Wunsch!

Das stille Dahinleben, sein Grübeln über dies und das mußten nun vorbei sein. Jetzt kam das Leben, trat vor ihn hin und fragte ihn: ‚Was willst du aus dir machen?‘

Da war so viel, was auf ihn wartete.

Die Mutter war da und das Fränzchen. Anny würde ja schon bald selbst mitverdienen können.

Der Pflegevater? Ja, das war nun eine Frage. Aber vielleicht würde er später auch noch mal anders werden. Die schwere Arbeit machte ihn gewiß auch oft verdrossen. Später würde er allein verdienen, Piddl Hundertmark, und zu dem Pflegevater sagen: ‚Nun ruh dich mal aus, nicht? Jetzt kann ich's allein.‘ Dann würden wieder ruhige, stille Zeiten kommen, wie damals, als der Vater nicht zur Arbeit gegangen war. Er reckte sich vor Arbeitslust und Tatenfreude im Bett.

Nur Geduld! Nur ein wenig Geduld!

—— 21 ——

Am folgenden Montagmorgen stand Piddl zum erstenmal in der großen Maschinenhalle der Werft. Soeben hatten die Dampfsirenen mit schrillem Pfeifen den Beginn der Arbeit angezeigt, als das geheimnisvolle Spiel der Maschinen wie mit einem Zauberschlag in allen Abteilungen des Betriebes rings um ihn lebendig zu werden schien. Die Kräne zum Transport der Eisenmassen, die unter den Decken der Hallen auf Schienen lagen, fingen an, sich in Bewegung zu setzen, die Räder und Treibriemen begannen allenthalben zu laufen, und schon nach wenigen Minuten waren alle Räume erfüllt von dem tausendstimmigen Lärm der Arbeit. Eisenplatten wurden mit Hammer und Spitzmeißel zum Bohren vorgezeichnet und unter die Köpfe der Lochmaschinen gebracht, die mit ihren stählernen Zähnen zollange Eisenstücke aus den dicken Platten stießen. Die unzähligen Essen der Schmiede wurden in Glut versetzt, und das Gedröhn der wiedererwachten Arbeit scholl in betäubenden Wellen zum Dache der Halle hinauf, wurde zurückgeworfen, verstärkte sich durch sein eigenes Echo und ging in ein unentwirrbares Durcheinander von Tönen über, das sich zu einer machtvollen Harmonie vereinte, die das Ohr betäubte und die Luft mit Brausen erfüllte. Das knatternde Geräusch der pneumatischen Hämmer, das Kratzen und Kreischen der Feilen, das dumpfe Klopfen und Stoßen der Dampfhämmer, das den Boden erzittern ließ, das Rasseln der Ketten, das pfeifende Surren der Antriebsmaschinen, deren große Schwungräder durch die Schnelligkeit der Bewegung wie feststehende, glänzende Scheiben erschienen, das schwirrende, schlurfende Geräusch der Transmissionen, das Knirschen der Eisenhobel, das unzählige Pinkpank – pinkpank der Handhämmer in der Schmiede – alles das vereinte sich zu einem mächtigen Akkord der Arbeit, der ungebrochen, stark und voll die weiten Hallen erfüllte.

Piddl stand da, schier verzagt unter dem überwältigenden Eindruck dieser neuen Welt, der er heute zum ersten Male gegenübertrat. Niemand schien sich um ihn kümmern zu wollen, niemand Rücksicht auf ihn zu nehmen oder ihm Beachtung zu schenken, als hätte dies Riesengetriebe nirgends Platz für ihn, böte nirgends mehr Raum in dem wohlgeordneten Spiel seiner tausendfältigen Kräfte.

Plötzlich wurde er angeredet. Ein Werkführer winkte ihm und fragte ihn nach seinem Namen und seiner Arbeitsnummer.

Piddl hatte Mühe, sich in dem rasselnden Lärm verständlich zu machen.

„Komm mit!" rief ihm der dann ins Ohr und führte ihn zur Halle hinaus. Draußen glitzerte der breite Wasserspiegel des Flusses, auf dem die im Bau befindlichen Schiffe nahe dem Ufer in gerader Reihe lagen. Haushoch hoben sich ihre eisernen Wände aus dem Wasser empor, und allenthalben vernahm man das rasselnde Pochen der pneumatischen Hämmer, mit denen die eisernen Planken der noch auf den Helgen liegenden Schiffe genietet wurden.

An einer Esse, oben auf dem Deck eines halbfertigen Dampfers, erhielt Piddl seinen Platz und seinen Meister, einen gutmütig dreinschauenden Graukopf, der ihn mit einem festen Handschlag begrüßte und ihm die ersten Anweisungen gab. Er schloß ihm die Esse an die Luftdruckleitung an, daß der fauchende Luftstrom die Kohlen in helle Glut versetzte, und zeigte ihm, wie die Nieten im Feuer geglüht, mit der Zange gefaßt und weitergegeben wurden.

Piddl glühte vor Interesse und Arbeitseifer.

Ein Gefühl unendlicher Befreiung erfüllte ihn. Der Strom der Arbeit, der rings um ihn in vollen Wellen brandete, hatte ihn mit aller Macht ergriffen. Er fühlte sich frei und auf sich selbst gestellt, zugleich hineingestellt in eine große Gemeinschaft, in der er nur ein winziges Glied bedeutete, aber doch einen Teil des Ganzen. Seine Arbeit half mit an dem Leib dieses Schiffes, das über die Meere hinfahren würde, durch Stürme und Wellen, Tropenhitze und Winterkälte.

Von dem hohen Rande des Schiffsbords aus übersah er den Fluß, der unter den Morgennebeln lag. Er sah die Dampfer vorüberfahren, die zum Hafen und in die Weite drängten und das Wasser bewegten, daß es mit hellem Rauschen am sandigen Ufer entlang lief, als müßten die Wellen den scheidenden Schiffen das Geleit geben, sah die weißen Wolken über sich wie große, weiße Fahnen am Himmel stehen und fühlte einen solchen Strom von fröhlichem Mut, daß ihm die Hände leise zitterten.

‚Tacktacktack ...‘ begann da der pneumatische Hammer seines Meisters neben ihm zu rasseln. Die erste der Nieten, die Piddl auf seiner Esse gewärmt hatte, saß fest im Leibe des Schiffes.

Oh, diese erste Freude an der Arbeit, an der neuen Lebensstufe, die er erklommen hatte!

All seine Pulse klopften, und mit leuchtenden Augen stand er da, die Mütze in den Nacken geschoben, und sah in die Glut der Esse, deren Feuer blendend hell unter der schwarzen Kruste der aufgeschütteten Kohlen hervorleuchtete.

Einer der Aufseher kam und schritt auf Piddl zu.

„Sie müssen heute abend nach Feierabend ins Kontor kommen. Sie erhalten dann ihr Lohn- und Arbeitsbuch." Damit ging er weiter.

Und am Sonnabend würde er zum erstenmal seinen Lohn ausgezahlt bekommen! Hatte er früher bei Meyerdierks mit seinem Brotkorb eine Mark die Woche verdient, so verdiente er das jetzt an einem Tag.

Er konnte sich vor Freude wirklich kaum mehr halten. Am liebsten hätte er in das rasselnde Pochen der Hämmer rings um ihn, das jetzt auf dem ganzen Schiff mit ohrenbetäubender Gewalt eingesetzt hatte, einmal mit heller Freude hinausgeschrien, so laut er konnte.

Da trat der Meister neben ihn, schob eine eiserne Lasche in das Feuer, bis sie weißglühend geworden war, legte sie dann auf einen Amboß und ließ sie von einem der Gesellen mit dem Hammer bearbeiten.

Gespannt sah Piddl zu.

„Hast du mal Lust?" rief ihm der Meister zu. „Dann zeig mal, ob du Kraft hast."

Piddl griff nach dem Hammer, der schwer und wuchtig in seinen Händen lag, hob ihn und ließ ihn im Schwung auf das Eisen fallen.

Hell und stark klangen seine ersten Hammerschläge über das Deck des Schiffes, und jeder Schlag schien zu rufen: ‚Ich und das Leben! Ich und die Zukunft!'

Materialien

Bilddokumente zu „Piddl Hundertmark"

Piddl Hundertmarks Wohngegend in Bremen (um 1906)

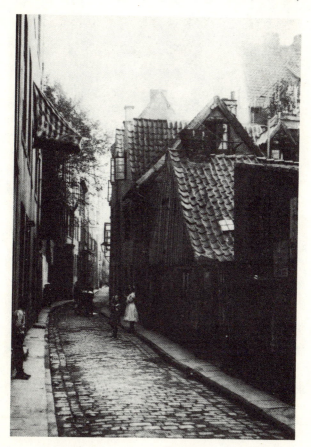

Bremer Freimarkt auf dem Marktplatz im Jahre 1906

So ungefähr sah der Jahrmarkt aus, auf dem Piddl seinen einzigen Groschen nicht ausgeben mochte. Heute geht es auf Jahrmärkten natürlich ganz anders zu!

Der stadtbremische Hafen im Bau (um 1890)

Der Autor Wilhelm Scharrelmann

Wilhelm Scharrelmann beim Vorlesen vor seinem Haus in Worpswede (um 1938)

Daten zu Leben und Werk Scharrelmanns

Wilhelm Scharrelmann wurde 1875 als Sohn eines kleinen Kaufmanns in Bremen geboren. Als Kind lebte er, ähnlich wie Piddl Hundertmark, in ärmlichen Verhältnissen. Wilhelm Scharrelmann wurde Volksschullehrer und gehörte zu den damaligen Bremer Schulreformern. Wie sein Bruder Heinrich und viele seiner Kollegen hatte er deshalb häufig Ärger mit der Schulbehörde. Nach mehreren Verhören und Strafen ließ Wilhelm Scharrelmann sich aus gesundheitlichen Gründen vorzeitig pensionieren. Er arbeitete bis zu seinem Tode im Jahre 1950 in Worpswede als Schriftsteller.

Neben dem Kinderroman „Piddl Hundertmark", der erstmals 1912 erschien und zuletzt 1983 neu aufgelegt wurde, sind heute vor allem noch folgende Bücher von Wilhelm Scharrelmann bekannt: die „Geschichten aus der Pickbalge", der Roman „Hinnerk der Hahn oder Die abenteuerliche Reise" und der Erzählband „Katen im Teufelsmoor". Einige Werke des Autors sind außerdem für das Volkstheater entdeckt und mit viel Erfolg aufgeführt worden.

Wie war das damals? Kinder und Jugendliche im Kaiserreich

Erich Kästner (1899–1974):
Als ich ein kleiner Junge war

[...] Damals war ja so vieles anders als heute! Ich bin noch mit der Pferdebahn gefahren. Der Wagen lief schon auf Schienen, aber er wurde von einem Pferde gezogen, und der Schaffner war zugleich der Kutscher und knallte mit der Peitsche. Als sich die Leute an die ‚Elektrische' gewöhnt hatten, wurden die Humpelröcke Mode. Die Damen trugen ganz lange, ganz enge Röcke. Sie konnten nur winzige Schrittchen machen, und in die Straßenbahn klettern konnten sie schon gar nicht. Sie wurden von den Schaffnern und anderen kräftigen Männern, unter Gelächter, auf die Plattform hinaufgeschoben, und dabei mußten sie auch noch den Kopf schräg halten, weil sie Hüte trugen, so groß wie Wagenräder, mit gewaltigen Federn und mit ellenlangen Hutnadeln und polizeilich verordneten Hutnadelschützern!

Damals gab es noch einen deutschen Kaiser. Er hatte einen hochgezwirbelten Schnurrbart im Gesicht, und sein Berliner Hof-Friseur machte in den Zeitungen und Zeitschriften für die vom Kaiser bevorzugte Schnurrbartbinde Reklame. Deshalb banden sich die deutschen Männer morgens nach dem Rasieren eine breite Schnurrbartbinde über den Mund, sahen albern aus und konnten eine halbe Stunde lang nicht reden. [...]

Ja, ein halbes Jahrhundert ist eine lange Zeit. Aber manchmal denk ich: Es war gestern. Was gab es seitdem nicht alles! Kriege und elektrisches Licht, Revolutionen und Inflationen, lenkbare Luftschiffe und den Völkerbund, die Entzifferung der Keilschrift und Flugzeuge, die schneller sind als der Schall! Doch die Jahreszeiten und die Schularbeiten, die gab es immer schon, und es gibt sie auch heute noch. Meine Mutter mußte zu ihren Eltern noch ‚Sie' sagen. Aber die Liebe zwischen Eltern und Kindern hat sich nicht geändert. Mein Vater schrieb in der Schule noch ‚Brod' und ‚Thür'. Aber ob nun Brod oder Brot, man aß und ißt es gerne. Und ob nun Thür oder Tür, ohne sie kam und käme man nicht ins Haus. Fast alles hat sich geändert, und fast alles ist sich gleichgeblieben.

War es erst gestern, oder ist es wirklich schon ein halbes Jahrhundert her, daß ich meine Rechenaufgaben unter der blakenden Petroleumlampe machte? Daß plötzlich, mit einem dünnen ‚Klick', der gläserne Zylinder zersprang? Und daß er vorsichtig mit dem Topflappen ausgewechselt werden mußte? Heutzutage brennt die Sicherung durch, und man muß, mit dem Streichholz, eine neue suchen und einschrauben. Ist der Unterschied so groß? Nun ja, das Licht schimmert heute heller als damals, und man braucht den elektrischen Strom nicht in der Petroleumkanne einzukaufen. Manches ist bequemer geworden. Wurde es dadurch schöner? Ich weiß nicht recht. Vielleicht. Vielleicht auch nicht. [...]

Nach den ersten vier Schuljahren verabschiedete sich etwa die Hälfte meiner Mitschüler, verließ die Tieckstraße und tauchte nach Ostern, stolz und mit bunten Mützen, in den Sexten der Gymnasien, Realgymnasien, Reformgymnasien, Oberrealschulen und Realschulen wieder auf. Es war nicht die bessere Hälfte, doch die Dümmsten darunter bildeten es sich ein. Und wir anderen waren zwar in der Tieckstraße, nicht aber geistig zurückgeblieben. Alle miteinander wußten wir, daß die Frage ‚Höhere Schule oder nicht?' nicht von uns selber, sondern vom väterlichen Geldbeutel beantwortet worden war. Es war eine Antwort aus der falschen Ecke. Und ohne einen Rest Bitterkeit in manchem Kinderherzen ging das nicht ab. Das Leben war ungerecht und wartete damit nicht bis zur Konfirmation.

Weil auch aus der Parallelklasse viele Jungen ins Land der bunten Schülermützen ausgewandert waren, wurden die zwei Klassenreste zu einer einzigen Klasse zusammengefaßt, und unser Klassenlehrer, dem ein schrecklicher Ruf vorausging, hieß Lehmann. Man hatte uns berichtet, daß man bei ihm in einem Jahre mehr lernen müsse als anderswo in zwei Jahren, und diese Berichte waren, wie wir bald merken sollten, nicht übertrieben. Außerdem hatte man uns erzählt, daß er pro Woche einen Rohrstock verbrauche, und auch diese Erzählungen trafen ungefähr zu. Wir zitterten vor ihm, bevor wir ihn kannten, und wir zitterten noch mehr, als wir ihn kennengelernt hatten und immer besser kennenlernten. Er regierte, daß uns die Köpfe und die Hosenböden rauchten!

Lehrer Lehmann machte keine Späße und verstand keinen Spaß. Er malträtierte uns mit Hausaufgaben, bis wir umsanken. Er traktierte uns mit Lernstoff, Diktaten und anderen Prüfungen, daß sogar die flinksten und besten Schüler nervös wurden. Wenn er ins Klassenzimmer trat und, kühl bis ans Herz hinan, sagte: „Nehmt die Hefte heraus!" wären wir am liebsten ins nächste Mauseloch gekrochen. Es war nur keines da, schon gar nicht eines für dreißig Knaben. Und daß er pro Woche einen Rohrstock verbrauchte, stimmte nur zur Hälfte. Er verbrauchte zwei.

Unser Herr Lehmann war auf tägliche Zornesausbrüche fest abonniert. Ihn übermannte der Zorn angesichts fauler Schüler, frecher Schüler, dummer Schüler, stummer Schüler, feiger Schüler, bockiger Schüler, wispernder Schüler, heulender Schüler und verzweifelter Schüler. Und wer von uns wäre nicht das eine oder andre Mal dies oder das gewesen? Lehrer Lehmanns Zorn hatte die Auswahl.

Er gab uns Ohrfeigen, daß die Backen schwollen. Er nahm den Rohrstock, ließ uns die Hand ausstrecken und hieb uns fünfmal oder zehnmal über die geöffnete Handfläche, bis sie brandrot anlief, wie Hefeteig schwoll und niederträchtig schmerzte. Dann kam, da der Mensch auch schon als Kind zwei Hände hat, die andre Hand an die Reihe. Wer die Hände vor Schreck schloß, dem schlug er auf die Faust und die Finger. Er befahl einem halben Dutzend von uns, sich nebeneinander über die vorderste Bankreihe zu legen, und vermöbelte sechs strammgezogene Hosenböden in gerechtem Wechsel und rascher Folge, bis ein sechsstimmig schauerlicher Knabenchor die Luft erschütterte und wir übrigen uns die Ohren zuhielten. Wer an der Wandtafel nicht weiter wußte, dem schlug er auf die Waden und Kniekehlen, und wer sich dann umdrehte, war noch übler dran. Manchmal spaltete sich der Rohrstock der Länge nach. Manchmal zersprang er in der Quere. Die Stücke pfiffen durch die Luft und um unsere Köpfe. Dann setzte es bis zur Pause Backpfeifen. Lehmanns Hände gingen nicht in Stücke! Und zu Beginn der nächsten Stunde brachte er den nächsten Rohrstock mit.

Es gab damals Lehrer, die sich beim Pedell ihre Rohrstöcke genießerisch auswählten, wie das verwöhnte Raucher mit Zigarren tun. Es gab welche, die den Stock vor der Exekution ins Waschbecken legten, weil es dann doppelt wehtat. Das waren Halunken, denen das Prügeln ein delikates Vergnügen bedeutete. Zu dieser hundsgemeinen Sorte gehörte der Lehrer Lehmann nicht. Er war weniger ordinär, aber viel gefährlicher als sie. Er schlug nicht, weil er unseren Schmerz genießen wollte. Er schlug aus Verzweiflung. Er verstand nicht, daß wir nicht verstanden, was er verstand. Er begriff nicht, daß wir ihn nicht begriffen. Darüber geriet er außer sich. Darüber verlor er den Kopf und die Nerven und schlug wie ein Tobsüchtiger um sich. Es war zuweilen wie im Irrenhaus. [...]

Carl Zuckmayer (1896–1977):
„... ich beneidete sie ein bißchen"*

[...] Ich ging, bereits als Vorschüler, in das ‚feine' neue Gymnasium, in dem es, zur Präparation für den humanistischen Bildungsgang, drei Elementarklassen gab. Meine Mitschüler entstammten durchweg wohlhabenden Bürgerhäusern und waren dementsprechend gepflegt und gekleidet. Auf dem Schulweg jedoch mußte man an der ‚Volksschule' der Mainzer Neustadt vorbei, und dort hausten die ‚Bittel'. So nannte man in Mainz die Söhne der weniger begünstigten Stände, der Arbeiter, Handwerker, kleinen Leute, deren Eltern sich nicht das teuere Schulgeld für eine höhere Lehranstalt leisten konnten, und die in abgetragenen Anzügen, manche mit Flicken auf den Ärmeln und Hosenbeinen, umherliefen, worum ich sie heimlich beneidete. Ich hätte mich darin wohler gefühlt und freier bewegt als in dem glattgebügelten Matrosenanzug oder gar der Samtjoppe mit Umlegkragen und Schlips. Schülermützen trugen wir nicht, aber durch die Art der Kleidung, auch die mit Seehundsfell bespannten Ranzen oder ledernen Schultaschen, waren die Unterschiede deutlich gekennzeichnet, und so spielte sich unter den Sechs- bis Zwölfjährigen eine primitive, doch keineswegs harmlose Vorstufe des Klassenkampfs ab. Morgens war man verhältnismäßig sicher, denn Proletarier- wie Bürgersöhne waren gleichermaßen zu spät dran und mußten laufen, während in ihren Zwingburgen schon die Klingel schrillte. Aber mittags hatten die Bittel offenbar mehr Zeit als unsereiner, der zu einem ordentlichen Familienessen pünktlich zu Hause sein mußte, und lauerten uns auf dem Heimweg auf, um uns zunächst durch Spott- und Schimpfworte aufzureizen (das beliebteste, für besonders fein angezogene Knäblein, war – ohne konfessionellen oder rassischen Nachweis – der Zuruf: „Juddebub!"). Dann schmissen sie mit Steinen oder verstellten einem, gewöhnlich in einer geschlossenen Gruppe, den Weg. Ausreißen war unmöglich, man hätte sich vor Freund und Feind, auch vor sich selbst, ewiger Verachtung ausgesetzt. So mußte man, wenn auch mit vollen Hosen, trotzig erhobenen Hauptes und mit verächtlicher Miene an ihnen vorbei oder durch ihre drohende Phalanx hindurchmarschieren. Manchmal begnügten sie sich damit, nach uns zu spukken oder uns von hinten Roßäpfel ins Genick zu werfen, manchmal aber fielen sie über einen her, um einem den Schlupp am Matrosenkragen, den vornehmen Schulranzen, die Bänder von der Kappe herunterzureißen, man wehrte sich, und es kam zur Rauferei, bei der man recht übel zugerichtet oder auch, besonders bei Regenwetter und Matsch, im Dreck gewälzt werden konnte. Man hätte auch einen anderen, weniger gefährdeten Heimweg über die mondäne Kaiserstraße wählen können, aber das widersprach, obwohl man Schiß hatte, dem point d'honneur. Man verhielt sich wie gewisse kriegführende Staaten, die lieber eine sichere Niederlage in Kauf nehmen als ‚ihr Gesicht verlieren'.

Kam ich dann von einem solchen Nahkampf mit den Gassenbuben, verspätet, verschmutzt und mit zerrissenem Anzug, nach Hause, so war ich noch dazu den Vorwürfen ausgesetzt, ein unverbesserlicher Raufbold und selbst ein Gassenbub zu sein, manchmal sogar einer Strafe wie dem Entzug des Nachtischs, was ich verbissen mit einem hochmütigen Märtyrertum auf mich nahm. Den verstauchten Daumen, den ein Folterknecht heruntergebogen hatte, kühlte ich heimlich unter kaltem Wasser. Ich hätte lieber meine Zunge verschluckt, als den wahren Sachverhalt zu erklären, sonst hätte mein Vater womöglich an die Direktion der Volksschule geschrieben oder sonst etwas für mich unerträglich Peinliches zu meinem Schutz unternommen, mich etwa vom Gymnasium abholen lassen. Und mein ‚großer Bruder' ging ins ‚alte Gymnasium' in einem anderen Stadtteil, hatte einen völlig verschiedenen Schulweg, und ich konnte noch nicht einmal mit ihm drohen. Merkwürdigerweise aber empfand ich weder Haß noch Verachtung gegen die Bittel, ich beneidete sie ein wenig um ihre größere Freiheit und Wildheit und war stolz, wenn sie mich schließlich, des Verhauens überdrüssig oder weil ich mich tapfer gewehrt hatte und genauso vulgär schimpfen konnte, aufforderten, an ihren ungestümen Räuberspielen im Mainzer Gartenfeld teilzunehmen. [...]

Kindermode in Bürgerkreisen (um 1900)

Arbeiterkinder im Sonntagsstaat (um 1890)

Gibt es das heute noch: daß man die Herkunft von Kindern an ihrer Kleidung erkennt?

‚Schöner Wohnen' im Bürgerhaus

Wohnküche in der Mietskaserne

So unterschiedlich lebten Kinder im Kaiserreich. Ob man sich etwas Ähnliches heute noch vorstellen kann?

Davon konnte Piddl nur träumen:
Eine Weihnachtsbescherung für reiche Kinder (um 1890)

Und wie sieht die Weihnachtsbescherung für heutige Kinder aus? (Darauf gibt es nicht nur eine Antwort!)

Kinderarbeit – auch für Mädchen

Adelheid Popp (1869–1939):
Über den Kinderalltag eines Arbeitermädchens*

[...] Als ich von der Schule mein Übersiedlungszeugnis erhalten hatte, das mich für reif erklärte, in die vierte Volksschulklasse überzutreten, war das meine ganze geistige Ausrüstung für das Leben voll Arbeit, das ich nun zu beginnen hatte. Nie hat jemand Einspruch erhoben, daß ich der gesetzlichen achtjährigen Schulpflicht entzogen wurde. Bei der Polizei war ich gar nicht angemeldet. Da meine Mutter nicht schreiben konnte, mußte ich die Meldezettel ausfüllen. Ich hätte mich selbstverständlich in die Rubrik Kinder einzutragen gehabt, da ich mich aber für kein Kind mehr hielt, ich war ja schon Arbeiterin, so ließ ich diese Rubrik unausgefüllt und blieb polizeilich unangemeldet. Andere Leute beachteten diese Unterlassung auch nicht.

Wir zogen in die Stadt zu einem alten Ehepaar in eine kleine Kammer, wo in einem Bett das Ehepaar, im andern meine Mutter und ich schliefen. Ich wurde in eine Werkstatt aufgenommen, wo ich Tücher häkeln lernte; bei zwölfstündiger fleißiger Arbeit verdiente ich 20 bis 25 Kreuzer am Tage. Wenn ich noch Arbeit für die Nacht mit nach Hause nahm, so wurden es einige Kreuzer mehr. Wenn ich frühmorgens um sechs Uhr in die Arbeit laufen mußte, dann schliefen andere Kinder meines Alters noch. Und wenn ich um acht Uhr abends nach Hause eilte, dann gingen die anderen gut genährt und gepflegt zu Bette. Während ich gebückt bei meiner Arbeit saß und Masche an Masche reihte, spielten sie, gingen spazieren, oder sie saßen in der Schule. Damals nahm ich mein Los als etwas Selbstverständliches hin, nur ein heißer Wunsch überkam mich immer wieder: *mich nur einmal ausschlafen zu kön-*

nen. Schlafen wollte ich, bis ich selbst erwachte, das stellte ich mir als das Herrlichste und Schönste vor. Wenn ich dann manchmal das Glück hatte, schlafen zu können, dann war es erst kein Glück, dann waren Arbeitslosigkeit oder Krankheit die Veranlassung. Wie oft an kalten Wintertagen, wenn ich abends die Finger schon so erstarrt hatte, daß ich die Nadel nicht mehr führen konnte, ging ich zu Bett in dem Bewußtsein, daß ich morgens um so früher aufstehen müsse. Da gab mir die Mutter, nachdem sie mich geweckt, einen Stuhl in das Bett, damit ich die Füße warmhalten konnte, und ich häkelte weiter, wo ich abends aufgehört hatte. In späteren Jahren überkam mich oft ein Gefühl grenzenloser Erbitterung, daß ich gar nichts, so gar nichts von Kinderfreuden und Jugendglück genossen hatte. [...]

Ich war im zwölften Jahr, als sich meine Mutter entschloß, mich in eine Lehre zu geben. Ich sollte einen Beruf erlernen, von dem noch angenommen wurde, daß ein besserer Verdienst bei Fleiß und Geschicklichkeit zu erzielen sei, das Posamentiergewerbe. Natürlich konnte ich wieder, meines schulpflichtigen Alters wegen, nur zu einer Zwischenmeisterin kommen. Zwölf Stunden am Tag mußte ich aus Perlen und Seidenschnüren Aufputz für Damenkonfektion herstellen. Ich erhielt keinen fixen Lohn, sondern jeder neue Artikel wurde genau berechnet, wieviel davon in einer Stunde zu machen sei, und dafür wurden fünf Kreuzer bezahlt. Hatte man größere Übung erlangt und dadurch die Möglichkeit, mehr zu verdienen, so reduzierte die Meisterin, mit der Begründung, daß auch der Fabrikant weniger bezahle, den Lohn. Unaufhörlich, ohne sich auch nur eine Minute Ruhe zu gönnen, mußte man arbeiten. Daß dies von einem Kinde in meinem Alter schließlich nicht zu erwarten war und auch von keinem andern zu leisten ist, weiß jeder, der selbst beurteilen kann, was zwölf

Stunden anhaltende Arbeit überhaupt zu bedeuten haben. Mit welchem Verlangen sah ich immer nach der Uhr, wenn mich die zerstochenen Finger schon schmerzten und wenn ich mich am ganzen Körper ermüdet fühlte. Und wenn ich
5 dann endlich nach Hause ging, an schönen warmen Sommertagen oder im bitterkalten Winter, mußte ich oft, wenn viel zu tun war, noch Arbeit für die Nacht mit nach Hause nehmen. Darunter litt ich am meisten, weil es mich um die einzige Freude brachte, die ich hatte.
10 Ich las gern. Ich las wahllos, was ich in die Hände bekommen konnte, was mir Bekannte liehen, die auch nicht zwischen Passendem und Unpassendem unterschieden, und was ich im Antiquariat der Vorstadt, für eine Leihgebühr von zwei Kreuzern, die ich mir vom Munde absparte,
15 erhalten konnte. Indianergeschichten, Kolportageromane, Familienblätter, alles schleppte ich nach Hause. Neben Räuberromanen, die mich besonders fesselten, interessierte ich mich lebhaft für die Geschichte unglücklicher Königinnen. [...] Ich war mit meinen Gedanken immer in einer
20 ganz anderen Welt und sah nichts von dem Elend um mich her, noch empfand ich mein eigenes Elend. [...]

Zwei Jahre blieb ich in der Lehre und erfuhr in dieser Zeit viele Kränkungen, Härte und Herzlosigkeit. Man benutzte mich als eine Art Aschenputtel. Ich mußte oft an Samsta-
25 gen die großen Reinigungsarbeiten machen, und noch heute fühle ich die Empörung wie damals, wenn ich daran denke, was man mir alles zumutete und wie man mich behandelte. Von dem ziemlich weit entfernten öffentlichen Brunnen mußte ich in einem schweren Holzgefäß das Wasser
30 bringen. Die Wasserleitung im Hause hatte man damals noch nicht, und ich ließ mir nicht träumen, daß es einmal eine solche Annehmlichkeit geben könnte. Oft erbarmten sich fremde Menschen meiner und halfen mir tragen. Meine Lehrfrau nahm den Standpunkt ein, ich müßte mich an

alles gewöhnen, „denn eine gnädige Frau wirst du ja nicht werden", meinte sie.

Die beiden Kinder ließen an mir alle Bosheiten aus, deren sie fähig waren. Sie spotteten über meine Armut und machten sich lustig, weil ich im Sommer barfuß gehen mußte, was mich selber bitter genug kränkte. Da ich aber nur einige Schritte zu gehen hatte, hielt meine Mutter das Schuhetragen am Wochentag bei einem so jungen Geschöpf für Verschwendung. Da der Beruf, den ich erlernte, sehr von der Saison abhängig war, so gab es zweimal im Jahr einige Wochen, wo wenig und vorübergehend auch gar nichts zu tun war. Meine Mutter bemühte sich, mich während dieser Pausen anderwärtig unterzubringen; ich selbst mußte nach Arbeit suchen gehen. Da las ich dann alle Schilder ab, und wo ich annehmen konnte, daß Mädchen verwendet werden, ging ich hinein. Das war das Schwerste. Immer die stereotype Frage: „Bitt' schön, ich möchte Arbeit." Auch dieses demütigende Gefühl empfinde ich noch heute mit aller Lebendigkeit, wie ich es damals bei meiner ängstlichen und doch erwartungsvollen Bitte nach Arbeit empfand. Oft mußte ich erst die gewaltsam aufsteigenden Tränen trocknen, ehe ich sprechen konnte. [...]

Spielzeugverkäuferin

Blumenmädchen

Ellen Key (1849–1926):
„... das Kind bietet ja wohlfeilere Transportkosten als der Esel!"*

[...] In Deutschlands aristokratischen Familien sterben z. B. nach den letzten Berichten, die ich gelesen habe, von tausend Kindern jährlich 57, aber in Berlins armer Bevölkerung 345! Eine andere Untersuchung, aus Halle, zeigt, daß die Anzahl Totgeborener in der oberen Klasse 21 von Tausend betrug, während es in der Arbeiterklasse 55 von Tausend waren! [...]

In England erreichte die Frauen- und Kinderarbeit zuerst ihren Höhepunkt. Die Armenhäuser schickten z. B. ganze Ladungen Kinder in die Wollwebereien in Lancashire, Kinder, die abwechselnd an denselben Maschinen arbeiteten und in denselben schmutzigen Betten schliefen! In den Industriedistrikten verkümmerte infolgedessen die Bevölkerung; ehedem unbekannte Krankheiten entstanden; die Unwissenheit, die Roheit nahmen zu.

Schwangere Frauen, Kinder von 4–5 Jahren arbeiteten 14–18 Stunden! [...]

In Deutschland zeigt die Spielwarenfabrikation grausige Ziffern in Bezug auf die Kinderarbeit, um so grausiger, als um glücklichen Kindern Freude zu bereiten, anderen die Lebenskraft ausgepreßt wird; und die industrielle Heimarbeit beschäftigt Vier- bis Fünfjährige, während die Altersgrenze für Kinderarbeit in den Fabriken hier so wie in der Schweiz 14 Jahre ist; dieselbe Altersgrenze hat die Regierung in Dänemark vorgeschlagen. In Italien sind die meisten bettelnden Krüppel Kinder, die in den Schwefelgruben Siciliens aufgewachsen sind, zusammengehockt in niedrigen Gängen, beladen mit schweren Säcken, in einem Alter, in dem ihre zarten Glieder unter solchen Bedingungen rettungslos verkümmern mußten. Schon mit 12–14

Jahren sind viele von ihnen arbeitsunfähig. In Spaniens Magnesiumgruben werden Mengen von Kindern zwischen 6 und 8 Jahren verwendet, die durch die giftigen Dämpfe von einer schweren Krankheit befallen werden, und andere Kinder müssen mit schweren Wassereimern, die sie auf dem Kopfe tragen, die trockenen Gegenden bewässern: das Kind bietet ja wohlfeilere Transportkosten als der Esel! [...]

Und heute?

Wer hätte das gedacht: Auch heute noch werden Kinder ausgenutzt! Es gibt sogar noch Kinder, die Ähnliches berichten könnten wie Adelheid Popp und Ellen Key ...

Während der Schulzeit ‚geblitzt‘:
Arbeitendes Kind auf Wochenmarkt (1979)

400000 Kinder arbeiten regelmäßig für Geld

Hannover (dpa) – Der Deutsche Kinderschutzbund hat an die Bundesregierung appelliert, Maßnahmen gegen die immer stärker zunehmende illegale Kinderarbeit in Deutschland zu ergreifen. Er geht davon aus, daß in der Bundesrepublik zur Zeit 400000 Kinder regelmäßig für Geld arbeiten, „obwohl das klar gegen das Jugendarbeitsschutzgesetz verstößt". Der Kinderschutzbund-Geschäftsführer Wilken verwies auf eine Studie aus Nordrhein-Westfalen, wonach Kinderarbeit vom Putzen in fremden Haushalten über Tapezier- und Malerarbeiten bis zu Beschäftigungen auf Baustellen und in Gaststätten reicht. In Familien, denen es wirtschaftlich schlecht gehe, müßten Kinder oft das Einkommen aufbessern. Die Folgen machten sich vielfach bemerkbar: Kinder fühlten sich gestreßt, matt, klagten über Rückenschmerzen oder kämen in der Schule nicht mit.

Wovon Kinder des Kaiserreichs träumen sollten

Reinhold Fuchs:
Deutsches Flottenlied (1902)
Gedicht aus einem Schullesebuch

1. Hurra! Ihr blauen Jungen,
Wohlauf an Bug und Heck!
Aus kräft'gen Seemannslungen
Laßt's dröhnen übers Deck,
Laßt brausen durch die Meere
Den Spruch, dem keiner gleich:
Mit Gott für Deutschlands Ehre,
   Hurra!
Für Kaiser und für Reich!

2. Hurra! Wir blauen Jungen,
Wir schirmen jeden Strand,
Wo deutscher Fleiß errungen
Ein neues Vaterland;
In eis'gen Nordwinds Schauern,
Im Südhauch lind und weich
Stehn wir wie Wall und Mauern
   Hurra!
Für Kaiser und für Reich!

3. Hurra! Wir blauen Jungen
Sind Brüder allzumal;
Uns hält ein Band umschlungen,
Das fester als von Stahl.
Denn wo wir auch geboren
An Düne, Strom und Deich,
Wir haben Treu' geschworen
   Hurra!
Dem Kaiser und dem Reich!

4. Hurra! Wir blauen Jungen,
Wir führen gute Wehr,
Und wird dereinst gerungen
Zur See um Sieg und Ehr',
Da stehn wir jedem Rede
Und zahlen Streich mit Streich;
Wir scheuen keine Fehde
  Hurra!
Für Kaiser und für Reich!

5. Hurra! Wir blauen Jungen,
Wir lachen der Gefahr;
Zu Häupten, unbezwungen,
Fliegt uns des Reiches Aar.
Und sehn den Tod wir winken,
Wird keiner schwach und bleich;
Wir rufen noch im Sinken:
  Hurra!
Für Kaiser und für Reich!

Postkarte um 1914

Gustav Frenssen (1863–1945):
Peter Moors Fahrt nach Südwest (1906)
Ein vielgelesenes Kinderbuch

Als ich ein kleiner Junge war, wollte ich Kutscher oder
5 Briefträger werden; das gefiel meiner Mutter sehr. Als ich
ein großer Junge war, wollte ich nach Amerika; da schalt
sie mich. So um die Zeit, als die Schuljahre zu Ende gingen, sagte ich eines Tages, ich möchte am liebsten Seemann werden; da fing sie an zu weinen. Meine drei kleinen
10 Schwestern weinten auch.

 Aber am Tage nach meiner Schulentlassung stand ich,
ehe ich recht bedachte, was mit mir geschah, in meines Vaters Werkstatt am Amboß, und unser Geselle, der aus
Sachsen zugewandert war und schon lange Zeit bei Vater
15 arbeitete, sagte: „Siehst Du – da stehst Du! Und da bleibst
Du stehn, bis Du grau wirst", und lachte. Da wir gerade ei-

ne gute Arbeit hatten, nämlich vor einem schönen Neubau an der Breiten Straße Tor und Gitter machten, gab ich mich zufrieden und blieb also die drei Jahre in der Werkstatt meines Vaters und arbeitete mit ihm und dem Gesellen und ging abends in die Gewerbeschule. Ich bekam zweimal einen ersten Preis.

Im zweiten Jahr meiner Lehrzeit, in meinem siebzehnten Lebensjahr, traf ich auf der Straße Heinrich Gehlsen, den Sohn vom Lehrer Gehlsen, der früher bei uns angestellt war und jetzt Hauptlehrer in Hamburg ist, mit dem ich als Junge zuweilen gespielt hatte. Er war einige Jahre älter als ich und war nun Student in Kiel. Während wir zusammen die Breitenburger Straße hinunter gingen, erzählte er mir, daß er im Herbst 1903 als Einjähriger beim Seebataillon eintreten wolle. Ich fragte: „Warum willst Du gerade da eintreten?" Er sagte: „Es ist eine feine Truppe. Und dann ist es möglich, daß man einmal auf Reichskosten Übersee kommt. Denn wenn in irgendeiner unserer Kolonien ein Aufstand ausbricht, oder sonst in der weiten Welt was los ist, kommt zu allererst das Seebataillon unterwegs." Ich sagte nichts weiter dazu; aber ich dachte in meinem Sinn, daß ich später auch zum Seebataillon gehen könnte. Ich war schon einige Male in Kiel gewesen; und ich mochte auch die Uniform wohl leiden. Auch gefiel mir, was er von Übersee gesagt hatte. Ich wußte aber damals noch nicht, wie ich das Ding anfassen sollte.

Aber im nächsten Jahr erfuhr ich eines Tages von einem älteren Schulkameraden, der in Kiel bei den Fünfundachtzigern diente, daß das Seebataillon Dreijährig-Freiwillige annähme. Da fragte ich am selben Abend meinen Vater, als ich beim Aufräumen war und er mit seiner halblangen Pfeife durch die Werkstatt ging, um ein wenig die Straße entlang zu sehen, wie er abends zu tun pflegte: ob ich mich melden solle. Ihm gefiel das wohl; denn er hatte es bei den Einunddreißigern in Altona bis zum Unteroffizier ge-

bracht. Er sagte also nichts weiter als: „Deine Mutter wird vor dem Wort ‚See' bange werden." „Ja", sagte ich, „aber sie hat doch die drei Mädchen." „Geh hin", sagte er, „und stelle es ihr vor; sie ist in der Küche." Indem kam sie schon
5 aus der Küche in die Werkstatt und sagte mißtrauisch: „Was steckt ihr noch die Köpfe zusammen?" Sie meinte: weil es schon Feierabend war und die Arbeit getan. Mein Vater sagte: „Der Junge will sich freiwillig beim Seebataillon in Kiel melden; Du mußt nicht bange werden: das Ba-
10 taillon heißt nur darum so, weil es die Seefestung verteidigen muß. Und außerdem: wenn er sich nicht freiwillig meldet, kommt er vielleicht an die russische Grenze; und das ist weit weg." Da ging sie still in die Küche und sagte nichts weiter dazu, und gab mir im Herbst die Wäsche mit, alles
15 heil und rein, wie es sich gehört; das meiste war neu. Und sie war ganz zufrieden, weil Kiel so nah' bei Itzehoe liegt. Auch hatte ihr unser Kaufmann, der in Kiel Verwandte hat, erzählt, daß viele gute Handwerkersöhne im Seebataillon dienen. [...]

Welche Zukunftsträume haben Kinder und Jugendliche heute? Und in welchen ‚Traumfabriken' werden ihnen diese Träume nahegebracht?

Übertragung der schwierigen niederdeutschen Textstellen

Zu Seite 39:
„Wenn dat so wietergeiht, denn kriegt wi keen Wiehnachtsstuten."
Wenn das so weitergeht, dann kriegen wir keinen Weihnachtsstuten.

„Ick weet nich ... mi kummt dat meist so vör, as wenn't dit Johr allens dürer is as vergahn Johr!"
Ich weiß nicht ... mir kommt es fast so vor, als wenn dieses Jahr alles teurer ist als im vergangenen Jahr!

„Das kummt di blots so vör – kummt di so vör? – Nee, nu kiek di dat an! Wat du nich seggn deist!"
Das kommt dir nur so vor – kommt dir so vor? – Nein, sieh mal an! Was du nicht sagst!

„Du schaß man Fierabend maken, Emil."
Du solltest Feierabend machen, Emil.

„Den Dübel will ick dan!"
Den Teufel werde ich tun!

Zu Seite 71:
„Na Piddl, wat is? Din Mudder is krank – dat is wiß, over se schall doch woller beeter warn int Krankenhuus. Schaß mal sehn, morgen geiht ehr dat all veel beeter! – Paar Dag later kannst hengahn un se besöken. Ick glöv, denn lacht se woller. Dat töf man af, min Jung.
Na Piddl, was ist los? Deine Mutter ist krank – das ist klar, aber sie soll doch wieder gesund werden im Krankenhaus. Du wirst sehen, morgen geht es ihr viel besser! – In ein paar Tagen kannst du hingehen und sie besuchen. Ich glaube, dann lacht sie wieder. Warte man ab, mein Junge.

„Och wat, dat draf se nich, se ward doch ehrn Piddl nich alleen laten. Glöv dat blots nich!"
Ach was, das darf sie nicht, sie wird doch ihren Piddl nicht allein lassen. Glaub das bloß nicht!

„Ja ..., dat gifft Krankheiten, de ward int Krankenhuus gau utkuriert, de Süstern verstaht to trösten. Mußt di nich um opreegen, Piddl. Nun wisch de Tranens man af und blief en paar Dag bi uns, mußt doch to eeten hebbn."

Ja..., es gibt Krankheiten, die im Krankenhaus gut auskuriert werden, die Schwestern verstehen es zu trösten. Du darfst dich nicht aufregen, Piddl. Nun wisch dir die Tränen ab und bleib ein paar Tage bei uns, du mußt doch etwas zu essen haben.

Zu Seite 101—103:
„Wenn du keen Rau giffst, hau ick woller af. Fat mi nich an!"
Wenn du keine Ruhe gibst, hau ich wieder ab. Faß mich nicht an!

„Bernhard, nu wees doch nich so stickhalsig, du hest doch all veel toveel! Wees doch tofreeden."
Bernhard, nun sei doch nicht so stur, du hast doch längst viel zu viel! Nun sei doch zufrieden!

„Wat wullt du Elendwuddel mit den Slötel?"
Was willst du elendiger Typ mit dem Schlüssel?

„Hest du dat Seggen hier, du Snackewatt?"
Hast du das Sagen hier, du Neunmalkluger?

„Batz den Slötel her, büst overspöönsch?"
Wirf den Schlüssel her, bist übergeschnappt?

„Verdammte Pogg ... hest du mi wat to wiesen?"
Verdammtes Schwein ... hast du mir was zu sagen?

Zu Seite 117–119:
„Wat hest du, Bernhard? Ick kann dat nich verknusen, wenn du rein garnix seggen deist."
Was hast du, Bernhard? Ich kann es nicht vertragen, wenn du überhaupt nichts sagst.

„Hest di argert?"
Hast du dich geärgert?

„Geit di dat nich goot?"
Geht es dir nicht gut?

„Hol du din Swiegstill!"
Halt den Mund!

„Verdammte Swienskram, wi komt to nix!"
Verdammter Schweinkram, wir kommen zu nichts!

„Nu vertell doch ins, wat is los?"
Nun erzähl uns doch, was ist los?

„De Fabrik hefftse tomakt. Wi köönt afmustern, von morgen bruukt nüms mehr hentogahn. Du kanns den Smachtreem all torechtknütten."
Die Fabrik hat zugemacht. Wir können gehen, ab morgen braucht keiner mehr hinzugehen. Du kannst deinen Gürtel schon enger schnallen.

„Nu fang du noch an to blaarn, Jaultrine!"
Nun fang du noch an zu heulen, Heulsuse!

Zu Seite 131:
„Piddl, rinkamen, wat eten!"
Piddl, reinkommen, essen!

Zu Seite 134:
„Wat löppst du ook mit no Kark hen ... De ganze Afkensupp is to'n Dübel! Rük mal, stinkt as Aoskram!"
Was läufst du auch mit zur Kirche ... Die ganze Erbsensuppe ist zum Teufel! Riech mal, stinkt wie Aas!

Text- und Bildquellenverzeichnis

S. 143: Landesbildstelle Bremen
S. 144: Landesamt für Denkmalpflege
S. 145: Foto aus: Volker Plagemann (Hrsg.): Übersee. Seefahrt und Seemacht im deutschen Kaiserreich. Beck, München 1988, S. 103
S. 146: Scharrelmann-Nachlaß, Frau Hüchting, Heerstedt
S. 148: Aus: Erich Kästner: Als ich ein kleiner Junge war. Atrium, Zürich 1957, S. 10–13 (Kap. „Kein Buch ohne Vorwort") und S. 120–122 (Kap. „Der zwiefache Herr Lehmann")
S. 152: Aus: Carl Zuckmayer: Als wär's ein Stück von mir. Horen der Freundschaft. Werkausgabe in zehn Bänden. Bd. 1. Fischer, Frankfurt/M. 1966, S. 140–142
S. 154f.: Fotos aus: Ingeborg Weber-Kellermann: Der Kinder neue Kleider. Zweihundert Jahre deutsche Kindermoden in ihrer sozialen Zeichensetzung. Unter Mitarbeit von Dagmar Eicke-Jennemann und Regine Falkenberg. Suhrkamp, Frankfurt/M. 1985, S. 74 und 99
S. 156: Fotos aus: Akademie der Künste: Puppe, Fibel, Schießgewehr. Das Kind im Kaiserlichen Deutschland (Ausstellungskatalog). Akademie der Künste, Berlin (West) 1977, S. 138. Fotos aus dem Besitz von Claus-Peter Groß, Berlin
S. 157: Foto aus: Ingeborg Weber-Kellermann: Die Kindheit. Kleidung und Wohnen, Arbeit und Spiel. Eine Kulturgeschichte. Insel, Frankfurt/M. 1979, S. 206
S. 158: Adelheid Popp: Die Jugendgeschichte einer Arbeiterin. Von ihr selbst erzählt (1910). Aus: Manfred Altner (Hrsg.): Das proletarische Kinderbuch. Dokumente zur Geschichte der sozialistischen deutschen Kinder- und Jugendliteratur. VEB Verlag der Kunst, Dresden 1988, S. 405–410
S. 162: Fotos aus: Akademie der Künste: Puppe, Fibel, Schießgewehr, a.a.O., S. 62 und 175. Fotos aus dem Besitz von Claus-Peter Groß, Berlin
S. 163: Aus: Ellen Key: Das Jahrhundert des Kindes. S. Fischer, Berlin 1905, S. 358 und 361–364
S. 164: Foto aus: Elke Stark-von der Haar/Heinrich von der Haar: Kinderarbeit in der Bundesrepublik Deutschland und im Deutschen Reich. Eine Bestandsaufnahme über Ausmaß und Folgen der Beschäftigung von Kindern und

over den gesetzlichen Kinderarbeitsschutz. Verlag Die Arbeitswelt, Berlin 1980, S. 92. Foto: Glaser
S. 165: dpa-Meldung vom 21. 8. 1992
S. 166: Reinhold Fuchs: Deutsches Flottenlied. Aus: J. Buschmann (Hrsg.): Deutsches Lesebuch, o. O., o. J. (um 1905), S. 567
S. 168: Postkarte aus: Robert Kuhn/Bernd Kreutz: Der Matrosenanzug. Kulturgeschichte eines Kleidungsstücks. Harenberg, Dortmund 1989, S. 80/81 (farbig). Altonaer Museum, Hamburg, Norddeutsches Landesmuseum
S. 168: Aus: Gustav Frenssen: Peter Moors Fahrt nach Südwest. G. Grote'sche Verlagsbuchhandlung, Berlin 1906

Folgende Lesehefte empfehlen wir für Klassenstufe 5/6:

David, Kurt:
Antennenaugust
Bearbeitet von Juliane Eckhardt
Klettbuch 26113

Donnelly, Elfie:
Tine durch zwei geht nicht
Bearbeitet von Karin Steiert und Rainer Siegle
Klettbuch 26161

Feustel, Günther:
Ein Indio darf den Tag nicht verschlafen
Bearbeitet von Sigrid Eberspächer
Klettbuch 26123

Holmås, Stig:
Donnersohn
Bearbeitet von Karin Steiert und Rainer Siegle
Klettbuch 26167

Lornsen, Boy:
Feuer im Nacken
Klettbuch 26182

Lornsen, Dirk:
Rokal der Steinzeitjäger
Klettbuch 26175

Spillner, Wolf:
Taube Klara
Klettbuch 26188